영화 보고
원서 읽는
기초
영단어
700

영화 보고 원서 읽는
기초 영단어 700

초판 인쇄일 2015년 10월 5일
초판 발행일 2015년 10월 12일

지은이 오석태
발행인 박정모
등록번호 제9-295호
발행처 도서출판 **혜지원**
주소 (413-120) 경기도 파주시 회동길 445-4 (문발동 638)
전화 031)955-9222~5 팩스 031)955-9220
홈페이지 www.hyejiwon.co.kr

기획 · 진행 김형진
디자인 김성혜
영업마케팅 김남권, 황대일, 서지영
ISBN 978-89-8379-868-8
정가 13,000원

Copyright © 2015 by 오석태 **All rights reserved.**

No Part of this book may be reproduced or transmitted in any form, by any means without the prior written permission on the publisher.

이 책은 저작권법에 의해 보호를 받는 저작물이므로 어떠한 형태의 무단 전재나 복제도 금합니다.
본문 중에 인용한 제품명은 각 개발사의 등록상표이며, 특허법과 저작권법 등에 의해 보호를 받고 있습니다.

이 도서의 국립중앙도서관 출판시도서목록(CIP)은 서지정보유통지원시스템 홈페이지(http://seoji.nl.go.kr)와 국가자료공동목록시스템(http://www.nl.go.kr/kolisnet)에서 이용하실 수 있습니다.(CIP제어번호 : 2015022743)

영화 보고
원서 읽는

기초
영단어
700

혜지원

머리말

'영어를 잘하려면 단어를 많이 알아야 한다.'

진리예요. 아주 당연한 진리입니다. 그런데 실제로 어휘를 많이 기억해보니까 영어가 잘 되던가요? 그건 또 아니죠? '내가 아무리 영어단어를 많이 암기하고 있어도 그게 내 영어 실력으로 직결되는 것은 아니더라…' 이것 또한 진리죠? 맞습니다. 영어에 관한 한 참 불편한 진리들이 우리에게 늘 존재하고 있습니다.

언어의 시작은 단어입니다. 그리고 언어학습을 지속해서 하다 보면 언어의 끝도 단어임을 알게 됩니다. 그만큼 단어는 중요합니다. 그런데 우리는 그 단어를 참 의미 없이 익힙니다. 세속적인 표현으로 '영혼 없이 단어공부를 한다.'라는 겁니다.

단어는 기계적으로 외우는 게 아닙니다. good '좋은', terrible '끔찍한', impressive '인상적인' 등… 이런 식으로 단어를 외우는 건 아무런 의미 없습니다. 정말 영혼 없습니다. 그렇게 해서 단어를 1,000개 외우면 뭐합니까? 10,000개 외우면 뭐합니까? 그걸 어디에 써먹게요? 아무 곳에도, 누구에게도 써먹을 수 없는, 암기를 위한 암기에 그치고 마는 것입니다.

처음부터 다시 시작하는 겁니다. 내가 알고 있는 정말 쉽다고 생각되는 어휘부터 다시 시작해보세요. 정말 내가 알고 있는 어휘가 맞는지부터 따져보자고요. 기절하겠죠? 내가 제대로 알고 있는 단어가 하나도 없었어요. 그저 놀라울 따름입니다. 쉽다고만 생각했던 어휘가 이런 문장에서 이렇게 쓰이는 거였구나. 이런 문장은 감히 내가 범접할 수 없다고 생각했는데 이렇게 공부하면 내가 이런 말을 내 입으로 할 수도, 글로 표현할 수도 있는 거였구나… 이런 경험에까지 이르러 보는 겁니다.

맞아요, 제대로, 올바르게 공부하면 영어가 참 편하게 다가옵니다. 보이지 않던 영어의 세계가 눈에 들어오기 시작합니다. 단어를 단어로만 공부하는 게 아니고 그 단어가 포함된 정말 유용한 표현들과 함께 익히다 보니 단어공부가 회화공부로, 그리고 독해공부로 확장됩니다. 이게 웬 횡재입니까? 1석 2조도 아니고 1석 3조, 나아가서 1석 4조가 되는 공부법입니다.

이 책은 두 권의 책을 한 권으로 통합한 것입니다. 첫 번째 책은 Part 1으로, 두 번째 책은 Part 2로 분류했습니다.

Part 1은 〈기초어휘〉 편입니다. 모두 형용사들입니다. 문장의 의미를 풍요롭게 만들고, 문장에 가장 절실한 감정을 불어넣어주는 형용사의 이해를 통해 적절한 감정이 실린 언어구사를 할 수 있게 되기 때문에 형용사들만 선별했습니다. Part 1은 바로 이 기초 형용사들의 정확한 의미 이해에 초점을 맞추었습니다. 그 어휘들이 사용되는 문장들은 우리가 일상생활 속에서 흔히 접할 수 있는 예문들로, 또한 그 어휘가 사용된 영화 속 짧은 대사를 실었습니다. 결국 기초어휘에서 출발하여 문장학습, 회화학습까지 자연스럽게 연결되고 있습니다. 영어의 수준이 기초에서 중급까지 확장되는 경험을 Part 1에서 하게 되는 겁니다.

Part 2는 〈확장어휘〉 편입니다. 형용사와 동사를 다룹니다. 그것들과 유사한 의미를 갖는 대단히 다양한 어휘들을 함께 실음으로써 기초어휘의 확장에 초점을 맞추었습니다. 미국 현지에서 활용도가 대단히 높은 확장어휘들만 모았기 때문에 영어는 물론 그들의 생활문화를 이해하는데 아주 큰 도움이 될 것입니다. 그리고 그 어휘들의 활용은 모두 미국과 영국의 소설 속에서 발췌했습니다. 결국 기초어휘를 확장시키면서 독해연습까지 하게 되는 것입니다.

Part 1을 통해서는 어휘, 문장, 회화를, Part 2를 통해서는 어휘, 문장, 독해를, 결국 이 한 권의 책으로 여러분은 영어실력을 단계적으로 업그레이드시키는 놀라운 경험을 하게 되는 것입니다.

이 한 권의 책을 통해 여러분이 다음 단계로 나아가는 데 진정한 도움을 얻게 되기를 간절히 바랍니다.

저자 **오석태**

이 책의 구성

Part 01
회화에 자주 쓰이는 형용사의 다양한 활용과 정확한 의미를 할리우드 영화를 통해 배워봅니다.

표제어
해당 Unit에서 배울 표제어를 제시하고 정확한 의미와 활용을 쉽게 설명하였습니다.

핵심표현
표제어가 다양하게 활용된 대표 표현을 살펴봅니다.

영화 속 사용
실제 할리우드 영화에서 사용된 대화문을 통해 해당 단어의 정확한 활용법과 의미를 배웁니다. 원어민의 발음으로 녹음한 음원을 들으며 큰 소리로 따라 해보세요.

Part 02

독해에 큰 도움이 되는 기초 동사와 형용사의 다양한 활용을 영·미 소설에서의 쓰임을 통해 배워봅니다.

Unit

표제어를 제시하고 표제어의 연관 어휘를 모두 배웁니다. 각 단어는 실제 사용되는 뉘앙스를 잘 살려 정확한 쓰임과 뜻을 설명하고 실제 영·미 소설에서의 쓰임을 통해 확실히 익히도록 했습니다.

MP3 다운로드 방법

[혜지원 홈페이지(www.hyejiwon.co.kr) ▶ 자료실 ▶ 어학도서]에서 'Part 1 핵심 표현'과 '영화 속 사용' 대화문 MP3 파일을 무료 다운로드 할 수 있습니다.

목차

Part 01
회화실력 강화를 위한 **기초어휘**

001. **bored** ········· 18
002. **boring** ········· 19
003. **scared** ········· 20
004. **scary** ········· 21
005. **exciting** ········· 22
006. **excited** ········· 23
007. **surprised** ········· 24
008. **clear** ········· 25
009. **stunning** ········· 26
010. **nice** ········· 27
011. **good** ········· 28
012. **happy** ········· 29
013. **glad** ········· 30
014. **big** ········· 31
015. **huge** ········· 32
016. **bad** ········· 33
017. **terrible** ········· 34
018. **lousy** ········· 35
019. **better** ········· 36
020. **best** ········· 37
021. **worse** ········· 38
022. **worst** ········· 39
023. **small** ········· 40
024. **sad** ········· 41
025. **angry** ········· 42
026. **mad** ········· 43
027. **strong** ········· 44
028. **close** ········· 45
029. **quick** ········· 46
030. **slow** ········· 47
031. **wrong** ········· 48
032. **right** ········· 49
033. **long** ········· 50
034. **short** ········· 51
035. **interesting** ········· 52
036. **funny** ········· 53
037. **deep** ········· 54
038. **busy** ········· 55
039. **easy** ········· 56
040. **difficult** ········· 57
041. **hard** ········· 58
042. **perfect** ········· 59
043. **open** ········· 60
044. **late** ········· 61
045. **early** ········· 62
046. **dark** ········· 63
047. **warm** ········· 64
048. **hot** ········· 65
049. **asleep** ········· 66
050. **shy** ········· 67
051. **gorgeous** ········· 68
052. **healthy** ········· 69
053. **sick** ········· 70
054. **heavy** ········· 71
055. **simple** ········· 72

#	Word	Page
056.	fine	73
057.	favorite	74
058.	kind	75
059.	serious	76
060.	free	77
061.	rude	78
062.	full	79
063.	awful	80
064.	stupid	81
065.	cool	82
066.	tired	83
067.	exhausted	84
068.	polite	85
069.	pleasant	86
070.	empty	87
071.	weird	88
072.	strange	89
073.	guilty	90
074.	crazy	91
075.	new	92
076.	old	93
077.	young	94
078.	regular	95
079.	alone	96
080.	single	97
081.	complete	98
082.	ashamed	99
083.	attractive	100
084.	available	101
085.	awake	102
086.	aware	103
087.	blind	104
088.	bright	105
089.	careful	106
090.	certain	107
091.	correct	108
092.	curious	109
093.	dead	110
094.	desperate	111
095.	different	112
096.	fair	113
097.	familiar	114
098.	fresh	115
099.	generous	116
100.	genuine	117
101.	honest	118
102.	horrible	119
103.	hungry	120
104.	important	121
105.	impossible	122
106.	incredible	123
107.	jealous	124
108.	low	125
109.	lucky	126
110.	major	127
111.	married	128
112.	nasty	129
113.	natural	130
114.	necessary	131
115.	nervous	132
116.	next	133
117.	obvious	134

- 118. patient · · · 135
- 119. personal · · · 136
- 120. physical · · · 137
- 121. popular · · · 138
- 122. positive · · · 139
- 123. possible · · · 140
- 124. pregnant · · · 141
- 125. prepared · · · 142
- 126. private · · · 143
- 127. proud · · · 144
- 128. quiet · · · 145
- 129. ready · · · 146
- 130. real · · · 147
- 131. responsible · · · 148
- 132. ridiculous · · · 149
- 133. rough · · · 150
- 134. safe · · · 151
- 135. same · · · 152
- 136. satisfied · · · 153
- 137. separate · · · 154
- 138. shocked · · · 155
- 139. silent · · · 156
- 140. silly · · · 157
- 141. similar · · · 158
- 142. social · · · 159
- 143. special · · · 160
- 144. stable · · · 161
- 145. straight · · · 162
- 146. sure · · · 163
- 147. sweet · · · 164
- 148. tall · · · 165
- 149. total · · · 166
- 150. tough · · · 167
- 151. true · · · 168
- 152. unusual · · · 169
- 153. whole · · · 170
- 154. wise · · · 171
- 155. wonderful · · · 172
- 156. worth · · · 173

Part 02 독해력 강화를 위한 확장어휘

01 angry 화난 ·············· 176
angry · mad · cross · annoyed · irritated · bad-tempered · in a bad mood · somebody has got up on the wrong side of the bed · furious · outraged · lose one's temper

02 easy 쉬운 ·············· 179
easy · simple · straightforward · undemanding · be a cinch / be a piece of cake · be a breeze · There is nothing to it. · coast

03 eat 먹다 ·············· 182
eat · have · swallow · consume · munch · feed · grab a bite (to eat) · eat up · finish · devour · nibble · pick at · have had enough · be full · big eater

04 fail 실패하다 ·············· 186
fail · failure · not make it · get nowhere · in vain · not succeed · unsuccessful · go wrong · not work · do no good · backfire · be a disaster · flunk · bomb · go under · go bankrupt · go belly up

05 good 좋은 ·············· 190
good · nice · great / excellent · perfect · marvelous / wonderful / fantastic / terrific · amazing / incredible · brilliant · neat · outstanding · impressive · exceptional · decent · respectable · upright · virtuous · wholesome

06 good at ~을 잘하다 ·············· 195
be good at · proficient · capable · competent · brilliant · excellent · skillful · adept · have a good command of · talented · promising / show promise · versatile · have a knack

07 argue 언쟁하다 ·············· 198
argue · quarrel · fight · fall out with · be at each other's throats · clash · squabble · bicker · quibble · pick a fight · make up · bury the hatchet

08 ashamed 부끄러운 ·············· 201
ashamed · humiliated · humiliating · degrading · shame · disgrace · indignity · lose face · stigma · shameless · unabashed · brazen · unrepentant

09 **energetic** 에너지 넘치는 204
energetic · full of energy · active · dynamic · tireless · hyperactive · boisterous · lively · vivacious · full of life · full of beans · vigorous · vital

10 **expensive** 비싼 207
expensive · cost a lot (of money) · high · costly · pricey · cost a fortune · astronomical · cost an arm and a leg · fancy · can't afford · steep

11 **brave** 용감한 210
brave · courageous · daring · fearless · bold · intrepid · have guts

12 **persistent** 끈질긴 212
persistent · determined · stubborn · single-minded · tough · firm · resolute · tenacious

13 **confused** 혼란스러운 215
confused · puzzled · perplexed · baffled · bewildered · bemused

14 **admit** 마지못해 인정하다 217
admit · concede · acknowledge · confess · own up · fess up

15 **cry** 울다 219
cry · cry one's eyes out · in tears · be close to tears · weep · sob · wail · whimper · hold / fight back the tears · burst into tears · break down

16 **dangerous** 위험한 222
dangerous · risky · hazardous · unsafe · treacherous · perilous

17 **cruel** 잔인한 224
cruel · heartless · vicious · brutal · inhumane · cold-blooded · callous · harsh · ruthless

18 **decrease** 감소하다 227
decrease · go down · decline · diminish · fall / drop · plunge / plummet · slide · dwindle

19 destroy 파괴하다 ········· 229
destroy · devastate · demolish · wreck · trash · obliterate · ruin

20 disappear 사라지다 ····· 231
disappear · vanish · go away · fade away · melt away · die out · become extinct

21 decide 결정하다 ··········· 233
decide · make up one's mind · choose to do · make a decision · resolve

22 control 지배하다 ·········· 236
control · run · be in charge of · manage · be in power · supervise

23 boring 지루한 ············· 238
boring · not very interesting · dull · tedious · monotonous · mundane · humdrum · dry

24 afraid 두려워하는 ········· 241
afraid · frightened · scared · alarmed · panicked · terrified

25 accept 받아들이다 ········ 244
accept · take · say yes · agree · jump at the chance · go with · embrace · give in · bow to · accede to · cave in · put up with · tolerate · approve

26 accuse 고발하다 ·········· 248
accuse · allege · confront · charge · prosecute · indict · impeach · defendant · be on trial

27 arrive 도착하다 ············ 251
arrive · get to · come · reach · be here · show up · make it · get in · land · come in · pull in

28 private 사적인 ············· 254
private · personal · secret · intimate · innermost · be none of someone's business

29 see 보다 ···················· 257
see · catch sight of · spot · witness · sight · get a look at · make out · visible · show · in view · appear · come into sight · invisible · out of sight · lose sight of

30 look 보다 261

look · take a look at · examine · view · gaze · admire · stare · gape · gawk · eye · glance · peek · peep · glare · scowl · frown · squint · peer · browse · window-shopping · leer

31 move 움직이다 267

move · stir · shift · fidget · squirm · wriggle · writhe · twitch · sway · rock · swing · transfer · jerk · shunt · release · stuck · jammed · stiff · paralyzed · stranded · won't budge · still

32 fast 빠르게 274

fast · quick · swift · rapid · brisk · prompt · speedy · hasty · whizz · rush · race · dart · speed

33 change 변하다 279

change · alter · vary · fluctuate · erratic · volatile · unstable · variable · revise · reverse · adap · modify · convert · adjust · amend · reform · switch · change one's mind · get cold feet · change one's tune · vacillate · fickle · blow hot and cold · stubborn · stand firm · stand one's ground · stick in the mud · diehard · rigid · irrevocable

34 important 중요한 288

important · major · big · key · principal · significant · of importance · momentous · critical · vital · essential · crucial · overriding · paramount · leading · influential · prominent · mean a lot to · make a fuss · make a big deal out of · make a mountain out of a molehill

35 stop 멈추다 294

stop · finish · quit · cease · give up · abandon · freeze · leave it at that · come off · call it a day · retire · come to a halt · stop dead in one's tracks · stop somebody cold · drop · pull up · pull in · pull over · restrain · hold back · intercept · come to an end · fizzle out · peter out · fade away · cut short · abort · suspend · crack down on · suppress · subdue · sever · prevent A from B · keep A from B · get in the way of · discourage · avoid · avert · block · thwart · foil

36 hear 듣다 304

hear · overhear · audible · didn't catch · can't make something out · inaudible · listen (to) · pay attention · hear somebody out · listen in · eavesdrop

37 **happen** 우연히 발생하다 · 307

happen · take place · occur · come about · transpire · crop up · come up · arise · strike · experience · undergo · turn out · work out · be in progress · be on · be in full swing

38 **different** 다른 · 311

different · not like · not the same · differ · contrast with · unique · bear no relation to · be a far cry from · have nothing in common · distinctive · be one of a kind · individual · distinguish · differentiate · discriminate

39 **examine** 검토하다 · 315

examine · look carefully · take a look at · analyze · study · check · inspect · go through · look over · scrutinize · check up on

Part 01 회화 실력 강화를 위한 기초어휘

★★★ HOLLYWOOD MOVIES ENGLISH ★★★

내가 알고 있다고 생각했던, 하지만 그게 오해였던 기본 형용사들의 정확한 의미와 활용을 영화를 통해 확인합니다. 형용사는 문장을 기름지게 하는 원천이며, 형용사의 정확한 활용을 통해 영어회화의 질을 높일 수 있습니다.

bored

타동사 bore '지루하게 하다'에서 파생된 수동형 형용사입니다. 사람이 지루한 상태에 놓여있다는 의미를 전하죠. 사물은 주어로 올 수 없습니다. 사물이 지루한 상태에 빠질 순 없으니까요.

핵심표현

MP3 001

- **I'm bored.**
  정말 지루하다, 지루해.

- **I think you're bored with me already.**
  나 때문에 벌써 지루한 거지.

- **I'm glad you're not bored with your life.**
  네가 지루하지 않게 잘 살아간다니 기분 좋네.

영화 속 사용

A Do you really want to be a secretary?
B Yes, I do.
A You scored higher than anyone I've ever interviewed. You're really overqualified for the job. You'd be **bored** to death.
B I want to be **bored**.

<movie, *Secretary*>

A 정말 비서가 되고 싶어요?
B 예.
A 그 동안 인터뷰 했던 사람들 중에서 가장 성적이 좋은데. 이 일을 하기에는 자격초과예요. 이 일을 하다 보면 아마 지루해서 미칠 거예요.
B 지루하고 싶습니다.

boring

타동사 bore에서 파생된 능동형 형용사입니다. 일이나 사람이 어떤 사람을 지루하게 만든다는 의미의 형용사죠. 사람이 주어로 올 수 있다는 것을 절대 잊어서는 안 됩니다. bored와 반대의 개념이죠.

 핵심표현

 MP3 002

- **He's boring.**
  걔 정말 지루해.

- **It sounds real boring.**
  그거 들어보니 정말 지루한 일이군.

- **If I tell you what I do, you'll think it's boring.**
  내가 하는 일을 말해주면 무척 지루한 일이라고 생각할 거야 너.

 영화 속 사용

A Hey. Stop what you're doing, right now.
B Why?
A Because it's the same **boring** thing you do every day of your life. And you can't do that with me.
<movie, *Sweet November*>

A 이봐요. 지금 뭐 하는 거예요. 당장 그만해요.
B 왜요?
A 그 지루하고 답답한 짓을 또 하고 있잖아요 지금. 살면서 매일 해왔던 똑같은 짓을 말이에요. 나하고 같이 있을 때는 절대 그런 짓 하면 안 돼요.

scared

타동사 scare '무섭게 하다'에서 파생된 수동형 형용사입니다. 사람이나 어떤 상황 때문에 공포에 질렸다든지 무서워서 어쩔 줄 모르는 상태를 나타내는 어휘입니다. '너 때문에 깜짝 놀랐잖아.'는 You scared(동사) me.라고 표현합니다.

 핵심표현  MP3 003

- **Don't look so scared.**
  그렇게 무서워하는 표정 짓지 마.

- **I get a little scared in the dark.**
  난 어둠 속에 있으면 좀 무서워.

- **She's scared about getting involved.**
  그녀는 연루되는 것 자체를 두려워하고 있어.

영화 속 사용

- A: Annie. How...? Gosh, how are you feeling?
- B: Great, great.
- A: Yeah? Scared?
- B: Scared? Of what? I mean, if I was scared, why would I be getting married?
- A: Well, I mean, people get scared...

<movie, *Rumor Has it...*>

- A: 애니야. 그게... 그래, 지금 기분 어떠니?
- B: 좋지. 너무 좋아.
- A: 그래? 두렵진 않아?
- B: 두려우냐고? 뭐가 두려워? 두려우면 무엇 때문에 결혼해?
- A: 그러니까, 모두들 두려워하는 건...

scary

타동사 scare '무섭게 하다'에서 파생된 능동형 형용사입니다. 사람이나 어떤 상황이 누군가를 무섭게 만든다는 의미의 어휘이죠. 사람이 주어로 올 수 있다는 사실을 기억합니다. '그 사람 정말 무서워.'라는 표현은 He's scary. 입니다.

 핵심표현　　　　　　　　　　　　　 MP3 004

- **What's so scary about it?**
  그게 뭐가 그렇게 무서워?

- **It's sort of scary.**
  그거 좀 무서워.

- **Don't be reading anymore scary comics, you hear me?**
  앞으로 무서운 만화는 읽지 마. 내 말 알아들었어?

영화 속 사용

A: What's going on here?
B: We're floating.
A: Make it stop.
B: It's amazing.
A: No, no, no. This is not amazing. It's scary. Why can't I get down?
B: Don't get hysterical.

<movie, *simply irresistible*>

A: 이게 뭐야. 어떻게 된 거야?
B: 공중부양 중이잖아.
A: 그만해. 멈추라고.
B: 왜. 재미있는데.
A: 재미는 무슨 재미. 무서워 죽겠네. 왜 나는 못 내려가?
B: 너무 흥분하지 마.

exciting

타동사 excite '흥분시키다, 즐겁게 하다'에서 파생된 능동형 형용사입니다. 사람이나 어떤 상황, 또는 일이 누군가를 흥분시키고 즐겁게 만든다는 의미의 어휘입니다. 물론 사람이 주어로 올 수 있습니다. 그래서 '그 사람을 보면 덩달아 흥분되고 기분 정말 좋아.'를 He's exciting.이라고 표현합니다.

핵심표현

 MP3 005

- **What's so exciting?**
  뭐가 그렇게 흥분되고 재미있어?

- **It's going to be exciting.**
  그거 정말 흥미진진할 거야.

- **There's something exciting you don't know about him.**
  그에게는 네가 모르는 정말 흥미진진한 면이 있어.

영화 속 사용

A I'm back.
B Oh, great. Well, that was fast.
A It was easy. I have some great, **exciting**, wonderful news, Mother.

< movie, *Kindergarten Cop* >

A 다녀왔어요.
B 그래. 잘 왔다. 일을 아주 빨리 끝냈구나.
A 식은 죽 먹기였죠. 엄마, 엄청난, 흥분되는, 정말 끝내주는 뉴스가 있어요.

excited

타동사 excite '흥분시키다, 즐겁게 하다'에서 파생된 수동형 형용사입니다. 사람이나 어떤 상황, 또는 일로 인해서 흥분된 상태를 의미하죠. '너 흥분돼 보인다.'를 영어로는 You look excited.로 표현합니다.

핵심표현

 MP3 006

- **Don't get too excited.**
  너무 흥분하지 마.
- **He sounded excited.**
  걔 목소리를 들으니 흥분했어.
- **I'm very excited about this opportunity.**
  정말 너무나 흥분돼. 내게도 이런 기회가 오다니 말이야.

영화 속 사용

A It's actually very exciting.
B Do I look excited, Klump?
A No, no, you don't look excited at all. But maybe you might be holding it all in, your excitement, not wanting to express it.

<movie, *Nutty Professor*>

A 이것 정말 흥분되는 일이군요.
B 내가 지금 흥분돼 보이나, 클럼프 교수?
A 아니, 아니요. 전혀 흥분돼 보이시지는 않습니다. 하지만 숨기고 계실 수도 있는 거죠. 흥분되는 감정을 말입니다. 그걸 표현하시기 싫으셔서 그러실 수도 있다고요.

surprised

타동사 surprise '놀라게 만들다'에서 파생된 수동형 형용사입니다. 어떤 일이나 사람으로 인해 몹시 놀란 상태에 있음을 나타내는 어휘죠. 남을 놀라게 한다는 의미의 능동형 형용사는 surprising입니다.

 핵심표현　　　　　　　　　　　　　　　 MP3 007

- **I'm just surprised to see you.**
  너무 놀라워. 너를 보게 되다니.

- **To be frank, I'm very surprised at you.**
  솔직히, 너 때문에 너무 놀랐어.

- **I could tell she was surprised.**
  그녀 놀란 게 눈에 확 띄던걸.

영화 속 사용

A I'd be glad to give it some thought.
B Okay. What?
A No, nothing. I'm just glad to see you. I'm glad you called me.
B I bet you were **surprised**.
A Yeah, a little.

<movie, *You Can Count On Me*>

A 그 일에 대해 기꺼이 생각해보지.
B 좋아. 왜?
A 아니야, 아무것도. 그냥 널 보니까 좋아서. 전화 줘서 정말 고마워.
B 놀랐지? 내가 전화해서.
A 뭐, 조금.

clear

기본적으로 '깨끗하다'라는 느낌입니다. 뭔가 깔끔하게 정리된 상태이죠. 또한 머릿속이 혼탁하지 않고 깔끔하게 이해되고 정리된 상태를 말할 때도 사용할 수 있는 어휘입니다.

핵심표현

MP3 008

- **Is that clear?**
  분명히 알아듣겠어?

- **Do I make myself clear?**
  내 말 무슨 말인지 알아들었어?

- **I made it clear that I could not work with him.**
  그건 분명히 해뒀어. 그 사람하고는 절대 일할 수 없다고 말이야.

 영화 속 사용

A Let's get this **clear**. I'm not gonna hurt you, but I'm the kidnapper, and you are the...
B Victim.
A That's just the way it is.
B It's OK. I've been through this before.
A Kidnapped before?

<movie, *A Life Less Ordinary*>

A 이건 분명히 해둡시다. 당신을 해치지 않겠어. 하지만 난 납치범이고 당신은...
B 희생자죠.
A 바로 그거예요.
B 괜찮아요. 전에 경험한 적 있어요.
A 전에 납치된 적이 있다고요?

stunning

뭔가 대단히 매력적이고 아름다우며 마구 끌린다는 느낌의 형용사입니다. 어떤 멋진 장면, 멋진 사람 등을 보면서 사용할 수 있는 어휘이죠. '너 정말 멋있어 보인다.'라는 표현은 You look stunning. 이라고 합니다.

핵심표현

- **Look at you. God, you're absolutely stunning!**
  너, 와. 정말 너무 멋있다.

- **I must say your landscaping is stunning.**
  조경 정말 너무 멋있게 해놓았네.

- **He said I was stunning and asked me out!**
  걔가 나더러 너무 아름답다면서 데이트 신청했어!

영화 속 사용

- Ⓐ Oh, God, you're beautiful.
- Ⓑ Thanks, Jack.
- Ⓐ No, I'm serious. You're really **stunning**.
- Ⓑ This is good stuff. I want you to keep this up.

<movie, *The Family Man*>

- Ⓐ 세상에. 당신 정말 아름다워.
- Ⓑ 고마워, 여보.
- Ⓐ 진짜야. 당신 정말 너무 예쁘고 아름다워.
- Ⓑ 그렇게 말해주니 좋네. 계속 해줘.

nice

대단히 매력적이고 사람을 즐겁게 만든다는 느낌의 어휘입니다. 사람의 성격으로 따지면 다정다감하고 친절하며 예의 바르다는 의미까지 포함하죠. 칭찬 중에서 가장 기분 좋은 칭찬이 될 수 있는 어휘입니다.

- **Thanks for a nice dinner.**
  맛있는 저녁 정말 고마워요.

- **How nice of you to drop by and say hello.**
  고맙게도 안부 인사차 이렇게 들러주니 얼마나 좋은지 몰라.

- **It's nice to have some company once in a while.**
  말 상대가 있다는 건 때때로 정말 좋은 거야.

영화 속 사용

A You've been seeing a lot of Chris Wilton lately, I understand.
B Yeah. He's very nice.
A I liked him. I just don't understand what he's aiming for?

<movie, *Match Point*>

A 너 요즘 크리스 윌튼을 자주 만나지. 그렇게 알고 있는데.
B 예. 아주 좋은 사람이에요.
A 나도 그 사람 괜찮다 생각했었어. 이해가 안 되는 건 그가 무슨 목적으로 너한테 접근하고 있느냐는 거야.

good

가장 일반적이고 대중적인 어휘입니다. 그러나 단순히 '좋다'라는 의미를 알고 있다 해서 문장에서 마음껏 활용할 수 있는 것은 아닙니다. 다양한 문장들을 통해서 good의 활용을 익혀야 합니다.

 MP3 011

- **Have a good one.**
  오늘 잘 지내.

- **Nothing's gonna look good on me today.**
  오늘은 (몸 상태가 별로라서) 어떤 것을 입어도 멋있어 보이지 않아.

- **It's not good for you to get yourself worked up when you're pregnant.**
  너 흥분하는 거 좋지 않아. 임신한 상태에선 말이야.

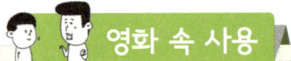

ⓐ I've had a good deal of experience.
ⓑ Yeah, so I see. Now, I've heard very good things. You don't miss playing professionally?

<movie, *Match Point*>

ⓐ 전 경험이 대단히 많습니다.
ⓑ 예, 그렇게 알고 있어요. 댁에 대해서 그 동안 좋은 이야기 많이 들었어요. 프로 선수 생활이 그립지 않으세요?

happy

누구나 다 아는 '행복한'이라는 의미입니다. 하지만 그 근본적인 의미는 '마음에 들다'이죠. 그래서 '기분이 좋다', '사이가 좋다', '행복하다', '만족스럽다' 등으로 파생시켜 이해해야 합니다. 오로지 '행복하다' 하나만으로 happy를 이해하는 건 옳지 않습니다.

핵심표현

MP3 012

- **I'm not happy with him.**
  나 그 사람하고 사이 별로야.

- **She's in a happy mood.**
  걔 지금 기분 되게 좋아.

- **You don't know how happy I am for you.**
  자기는 몰라. 내가 자기 때문에 얼마나 행복한지 말이야.

 영화 속 사용

A About time for you to get off?
B Mmm-hmm.
A Did you want me to give you a ride?
B You sure you don't mind?
A No, I'd be **happy** to.
B Okay.

<movie, *Monster's Ball*>

A 퇴근 시간 됐죠?
B 예.
A 태워다 드릴까요?
B 정말 괜찮으시겠어요?
A 그럼요. 기꺼이 모셔다 드려야죠.
B 좋아요.

glad

의미상으로는 happy와 같습니다. '기분이 좋다', '행복하다' 등으로 이해하죠. 하지만 glad는 명사를 수식하지 않습니다. 그저 glad 뒤에 기분이 좋은 이유를 to부정사나 that절로 설명할 뿐이죠.

MP3 013

- **I'm glad to hear you say that.**
  그렇게 말씀하시는 걸 들으니 기분 좋네요.

- **I'm certainly glad we finally met.**
  이렇게 만나게 돼서 정말 너무 좋아요.

- **I'm glad you trust me enough to let me stay home lone.**
  절 믿어주셔서 고마워요. 혼자서 집에 있을 수 있게 허락해 주시니까요.

- A Hello, Ryan. I'm **glad** you came. You look very nice.
- B Thank you.
- A Make yourself at home.
- C Hey, Ryan, glad you could make it. How are you?

<movie, *Summer Catch*>

- A 안녕, 라이언. 와줘서 고마워요. 아주 멋있어 보이네요.
- B 감사합니다.
- A 편히 놀다 가요.
- C 라이언, 왔군. 반가워. 잘 지내?

big

물론 '크다' 맞습니다. 하지만 단순히 크기만을 놓고 이야기하는 어휘가 아니죠. 대단히 중요하다거나 정도가 심하다거나 대단히 인기 있다는 의미로도 흔히 활용되는 어휘입니다. 그래서 '그녀는 일본에서 대단히 인기가 많아.'를 She's very big in Japan.이라고 표현합니다.

핵심표현

MP3 014

- **He's a big eater.**
  걔 정말 무지하게 먹어.

- **His biggest pet peeve is tardiness.**
  그가 가장 혐오하는 건 시간에 늦고 게으른 거야.

- **Don't make a big deal out of it.**
  별 거 아닌 걸로 난리 좀 치지 마.

영화 속 사용

A It is a big honor to be invited on his show.
B I'm surprised and honored, but I think I need to check with my agent. I believe I may have a previous commitment.

<movie, *Lost In Translation*>

A 그의 쇼에 초대되는 건 정말 대단한 영광입니다.
B 놀랍기도 하고 영광스럽기도 하네요. 하지만 제 에이전트에게 확인을 좀 해봐야겠어요. 이미 예정된 일이 있을 것 같아서요.

huge

big 보다 큰 규모를 말할 때 사용하는 어휘입니다. 물론 규모뿐 아니라 정도가 엄청나다고 말할 때도 자주 활용하죠. 발음에 유의해서 잘 활용해야 합니다.

핵심표현

- **He received a huge payout.**
  그는 엄청난 돈(보험금, 또는 상금)을 받았어.

- **We got into one huge catfight on the phone.**
  우리는 전화로 무지하게 싸웠어.

- **It was a huge blast that blew the roof off the building.**
  엄청난 폭발이었어. 지붕이 건물에서 떨어져 나갈 정도였지.

영화 속 사용

A I had a **huge** fight with my father. I can't stay here with him.
B About what?
A You.
B When are you leaving?
A Tomorrow night.

<movie, *Summer Catch*>

A 나 아빠하고 대판 싸웠어. 여기에서 아빠와 이렇게 살 수는 없어.
B 무엇 때문에 싸운 건데?
A 자기 때문이지.
B 언제 떠나는 거야?
A 내일 밤에.

bad

'나쁘다'라는 의미입니다. 그러나 그 의미만으로는 bad를 제대로 이해할 수 없습니다. '질이 좋지 않다', '상태가 나쁘다', '적절치 않다' 등의 의미로 이해해야 옳습니다. 그리고 적절한 문장들 속에서 활용할 수 있어야 합니다.

 핵심표현  MP3 016

- **He called me with bad news.**
  그는 나쁜 소식으로 내게 전화했어.

- **She's in pretty bad shape over Matt.**
  걔 지금 매트 문제로 기분이 아주 안 좋은 상태야.

- **I hope I didn't call you at a bad time.**
  지금 전화 받기 괜찮으니?

영화 속 사용

A Lateness. Tardiness. To be late for your first class on your first day of school. What does that indicate?
B I'm having a **bad** hair day?
A Perhaps what it indicates is a lack of respect.
<movie, *It Forward*>

A 지각이야. 너 지금 지각한 거야. 첫 수업시간에 지각이라. 그것도 등교 첫 날 말이야. 그게 무슨 뜻일까?
B 운이 좋지 않은 날일까요?
A 아마도 그게 의미하는 바는 선생님에 대한 존경심의 상실이겠지.

terrible

나쁜 정도가 아주 심하다는 의미입니다. bad를 강조한 어휘라고 보면 됩니다. 또한, 사람에게 피해를 주거나 깊은 상처를 준다는 의미도 내포하고 있습니다. 이렇게 의미가 강조되는 어휘는 활용에 특히 주의해야 합니다.

MP3 017

- **You made a terrible mistake.**
  너 정말 엄청난 실수를 저질렀어.

- **That's a terrible thing to say.** 어떻게 그런 말을. 끔찍하게.

- **The timing is terrible. It's impossible right now.**
  타이밍이 너무 아니야. 그거 지금 당장은 불가능해.

영화 속 사용

A So? What happened?
B He never came.
A He stood you up.
B I wouldn't exactly characterize it that way. I think something happened. Something **terrible** and unexpected that made it impossible for him to... What if he showed up, took one look at me and left?

<movie, *You've Got Mail*>

A 그래, 어떻게 됐어요?
B 그 사람 안 왔어.
A 그 사람이 바람맞힌 거네요.
B 그런 건 아니라고 봐. 일이 생겼겠지. 아주 안 좋은, 예상치 못한 일이 생겨서 불가능했을 거야... 왔다가 날 보고 그냥 가버린 거면 어쩌지?

lousy

상태나 질이 아주 좋지 않을 때 사용하는 어휘입니다. 또한, 기분이 좋지 않을 때도 사용하며 뭔가 잘하지 못할 때 습관적으로 사용됩니다. 그리고 가장 중요한 것은 lousy는 주로 '구어체'에서 사용된다는 사실입니다.

MP3 018

- **I'm a lousy dancer.**
  난 춤 정말 못 춰.

- **That was a lousy example, I guess.**
  그건 실례를 정말 너무 잘못 들었어. 내 생각에는 그래.

- **That's a lousy thing to say about a woman.**
  여자에 대해서 그렇게 말하면 아주 안 좋은 거지.

영화 속 사용

A I'll tell you what. I'm just gonna walk outta here. That way nobody has to get hurt, if you catch my drift.
B You **lousy** punk!
A Okay. You made your point.

<movie, *Heart and Souls*>

A 이렇게 하죠. 전 지금 여기서 나갈 거예요. 그래야 아무도 다치지 않죠. 무슨 말인지 이해되세요?
B 이런 나쁜 놈!
A 네, 무슨 말인지 충분히 이해 됐어요.

better

good과 well의 비교급입니다. good의 비교급일 때는 '형용사'로 쓰이고 well의 비교급일 때는 '부사'로 쓰이죠. 그리고 better는 '명사'와 '동사'로도 쓰일 때가 있습니다. 그 중에 '형용사'와 '부사'의 경우만 배우겠습니다.

MP3 019

- **I deserve better than this.**
  난 이것보다 대우를 더 받을 값어치가 있어요.

- **She'll do a better job than the others.**
  그녀가 남들보다 일 더 잘할 거야.

- **You look better now than you did years ago.**
  너 몇 년 전보다 지금이 훨씬 더 좋아 보여.

영화 속 사용

A: Feeling **better**?
B: Yes, thank you.
A: Good. Let's go for a drive.
B: A drive?
A: Yeah, a drive. I don't know anyone else in town. You could show me the sights.

<movie, *The Whole Nine Yards*>

A: 몸 좀 좋아졌어요?
B: 예, 고마워요.
A: 잘됐네요. 드라이브 가요, 우리.
B: 드라이브요?
A: 예, 드라이브. 난 이 동네에서 다른 사람 모르잖아요. 구경 시켜줘요.

best

good과 well의 최상급입니다. good의 최상급일 때는 '형용사'로 쓰이고 well의 최상급일 때는 '부사'로 쓰이죠. 물론 '명사'와 '동사'로 쓰일 때도 있습니다. 그 중에서 '형용사'의 경우만 배우겠습니다.

 핵심표현    MP3 020

- **Honesty is the best policy.**
  정직이 최선의 방책이야.

- **What's going to be the best approach?**
  무엇이 최선의 접근 방법일까요?

- **That would be the best thing for all of us.**
  그것이 우리 모두에게 최선일 거야.

영화 속 사용

- Ⓐ When do you need these by.
- Ⓑ Can I have them today?
- Ⓐ You know, we close at 7:00 on Sundays.
- Ⓑ I can swing by tomorrow.
- Ⓐ Mrs. Yorkin, you're one of our **best** customers. I'll have 'em for you by the time we close.

<movie, *One Hour Photo*>

- Ⓐ 언제까지 필요하세요?
- Ⓑ 오늘 찾을 수 있어요?
- Ⓐ 일요일에는 가게가 7시에 문을 닫는데요.
- Ⓑ 내일 들르죠 뭐.
- Ⓐ 요킨 여사님. 우리 최고 고객이시니까, 마감 시간까지 준비해 놓을게요.

worse

bad의 비교급으로 '악화 되다'라는 뜻이죠. 비교급이면 늘 비교 대상이 뒤에 나와야 된다고 생각하지만 반드시 그런 건 아닙니다. 그 대상이 생략될 경우도 많습니다. 그럴 때는 흔히 '현재 상황'이 비교 대상임을 충분히 짐작할 수 있습니다.

핵심표현

 MP3 021

- **I don't want to make it worse.**
  그거 괜히 긁어 부스럼 만들고 싶지 않은데.

- **He's a lot worse than he was.**
  걔 옛날 보다 훨씬 안 좋아졌어.

- **Traffic was worse than I had expected.**
  교통이 생각했던 것보다 훨씬 안 좋던 걸.

영화 속 사용

A Why don't I just call the plumber?
B Why? He's not gonna do anything different than what I'm doing.
C Yeah, we're only making it **worse**.

<movie, *You Can Count On Me*>

A 배관공을 부르는 건데 그랬어요.
B 왜? 불러봐야 나하고 다를 거 하나도 없어.
C 우리가 해봐야 괜히 더 망가지기만 하잖아요.

worst

bad의 최상급이죠. '최악의 상태이다'라는 의미입니다. 사실 비교급, 최상급, 이런 식으로 형태만 외워서는 아무 소용없고, 그 개별 어휘들의 활용을 정확히 익혀 문장들을 제대로 기억해서 활용하도록 해야 합니다.

핵심표현

MP3 022

- **It is the worst job in the world.**
  세상에 이렇게 엉터리일 수가!

- **You haven't seen the worst of it.**
  넌 아직 최악의 경우를 못 봐서 그래.

- **This is the worst thing I could ever imagine!**
  이 보다 더 최악일 수가 없구나!

영화 속 사용

A Passport, driver's license, plus some money to start with. For your missions you'll go by the name Josephine. Good luck to you.
B I'm scared.
A The **worst** part's over.

<movie, *Nikita*>

A 여기 여권, 운전면허증, 그리고 돈이 있어. 임무 착수금이야. 임무 수행 중에는 조세핀이라는 이름으로 움직여야 돼. 행운을 빌게.
B 저 무서워요.
A 무섭긴. 이미 가장 힘든 관문은 통과한 거야.

small

크기가 작은 경우뿐 아니라 그다지 중요하지 않고, 큰 영향을 미치지 못하는 것들을 표현할 때도 사용하는 어휘입니다. '어리다'라는 느낌을 전하기도 하죠. 절대 쉬운 어휘가 아니므로 그 활용을 정확히 기억해야 합니다.

 MP3 023

핵심표현

- **She doesn't do small talk.**
  그녀는 평소에 잡담을 하지 않아.

- **I've got a small problem.**
  약간 문제가 좀 생겼어. (별로 중요한 건 아니야.)

- **I want to try and make it up to you in some small way.**
  작게나마 뭔가로 좀 고마움의 표시를 하고 싶은데 말이죠.

영화 속 사용

A Jerry Siegel, is that you?
B Hey, Maddox, how are you? **Small** world.
A You know Victor Delgado. Victor, Jerry Siegel, Chris Marshall's right-hand.

<movie, maid in manhattan>

A 제리 시걸. 아이고, 이거 자네 맞지?
B 아, 매독스. 잘 지냈어? 이거 정말 세상 좁군.
A 자네 빅터 델가도 알지. 빅터, 이쪽은 제리 시걸이야. 크리스 마샬의 오른팔이지.

sad

말 그대로 '슬프다'라는 의미입니다. 그래서 '애처롭다', '비통하다' 등의 의미로 의역할 때도 있죠. 하지만 이렇게 어휘의 뜻만을 알고 있는 것은 그다지 중요하지 않습니다. 문장 안에서의 활용에 익숙해져야 합니다.

 핵심표현　　　　　　　　　　　　　　　　　MP3 024

- **In a way this makes me a little sad.**
  어떤 면에서 이건 나를 좀 슬프게 만드는군.

- **I have a sad announcement to make.**
  안 좋은 소식을 알려야겠어.

- **It's sad to hear that your life is such a disappointment to you.**
  너의 삶이 네게 실망 그 자체였다니 좀 씁쓸하네.

 영화 속 사용

Ⓐ Your ex called. He wants to have dinner with you tonight. Don't forget.
Ⓑ No, I can't.
Ⓐ Why not? I think you should. He seems so sad lately.
Ⓑ You go. You go in my place.

<movie, 9 1/2 Week>

Ⓐ 네 전 남편이 전화했어. 오늘 밤 저녁 같이 먹자고 하더라. 잊지 마.
Ⓑ 난 안돼.
Ⓐ 왜? 같이 먹어. 그 사람 요즘 기분 별로인 거 같던데.
Ⓑ 네가 가. 내 대신.

angry

화가 나 있는 상태를 말할 때 사용하는 어휘입니다. 우리에게는 가장 잘 알려진 어휘 중 하나이죠. 하지만 이 어휘 역시 문장에서의 활용에 익숙해져야 합니다. 단어만 단발로 활용하는 것은 피해야 합니다.

- **You're angry at me.**
  너 지금 나한테 화났잖아.

- **What are you so angry about?**
  뭐 때문에 그렇게 화난 거야?

- **He acted heartfully sorry, but I stayed angry for months.**
  그는 진심으로 미안해 했지만 난 몇 달을 화난 상태로 지냈어.

A I don't hate you. It's no big deal. I flew all the way over there, you blew the thing off. My life's been a big nosedive since then, but it's not a problem.
B I can't believe it. You must have been so **angry** with me. I'm so sorry.

<movie, *Before Sunset*>

A 당신 밉지 않아. 별 거 아닌데 뭘. 비행기를 타고 거기 갔는데 당신은 안 왔어. 그때 이후로 내 삶은 완전히 급강하였지. 하지만 뭐 별 문제는 아니야.
B 세상에 어쩜. 저 때문에 화 많이 나셨겠어요. 정말 죄송해요, 정말.

mad

화났다는 의미의 구어체 어휘입니다. 주로 미국에서 많이 쓰죠. 영국에서 쓸 때는 '미쳤다', '정말 제 정신이 아니다' 등의 의미로 사용됩니다. 그리고 mad는 명사 앞에서 수식을 할 수는 없습니다.

 핵심표현  MP3 026

- **I'm sorry. Are you mad at me?**
  미안해요. 저한테 화났어요?

- **She's always mad at me about something.**
  그녀는 뭔가 나한테 늘 화를 내.

- **Don't get mad at the dog. It's not that dog's fault.**
  개한테 화풀이 하지 마. 그게 어디 개 잘못이야?

영화 속 사용

- **A** You can't get mad at it.
- **B** Sorry. Didn't mean to yell.
- **A** I want you to stay away from anything too spicy.
- **B** I know. Are you sure you don't want to go?

<movie, *The Bridges of Madison County*>

- **A** 왜 거기에 화풀이를 해요.
- **B** 미안. 소리 지를 생각은 아니었어.
- **A** 너무 매운 건 먹지 말아요.
- **B** 알아. 당신은 정말 가고 싶지 않은 거야?

strong

'강하다'의 느낌입니다. 그렇다고 마냥 '강하다'로만 해석하면 안 되죠. '약효가 세다', '농도가 짙다', '의지가 강하다', '강력하게 밀어붙이다' 등의 의미로 다양하게 활용됩니다. 중심 의미 이후의 파생 의미에 민감해야 합니다.

 MP3 027

- **I'm not that strong.**
  난 그렇게 강하지 않아.

- **The pills aren't strong enough.**
  약 효력이 원하는 만큼 강하진 않아.

- **You are so strong. But there's a price that comes with that.**
  자네 정말 의지력 강하군. 하지만 그에 따르는 대가도 있어.

 영화 속 사용

Ⓐ So, Susan, is he gonna stop seeing that woman?
Ⓑ I don't know. I'm sorry, you guys, I just don't know how I'm gonna survive this.
Ⓒ Listen to me. We all have moments of desperation. If we can face them head-on, that's when we find out how **strong** we really are.
<drama, *Before Sunset*>

Ⓐ 수잔, 그가 그 여자 그만 만난대?
Ⓑ 몰라. 미안해, 얘들아. 이 상황을 어떻게 이겨내야 할지 모르겠어.
Ⓒ 내 말 잘 들어. 누구나 위기의 순간은 있어. 그걸 정면으로 부딪혀 나가면 우리가 얼마나 강한 존재인지 알게 돼.

close

'가깝다'라는 의미의 형용사입니다. 발음은 [클로우스] 정도가 되죠. 물론 거리가 가까울 때도 사용하지만 관계가 가까울 때, 즉 '친하다'고 말할 때 즐겨 사용합니다.

 MP3 028

- She isn't really a very **close** friend at all.
  그녀는 가까운 친구가 아니에요.

- I think you and I will become very **close**.
  우리 아주 가까워질 것 같아.

- She's afraid to let me get **close** to him.
  그녀는 내가 그와 가까워지는 걸 두려워하고 있어.

영화 속 사용

A You know, why don't you try this? It's kind of a hinge.
B Now, why didn't I think of that?
A Well, you're too **close** to the project.
B You're right. Sometimes you need an outsider's perspective.

<movie, *50 First Dates*>

A 이렇게 한 번 해보시죠? 이게 일종의 경첩 노릇을 해주잖아요.
B 왜 그런 생각을 못했지?
A 너무 가까이 들여다보셔서 그래요.
B 맞아요. 때로는 제3자의 시각이 필요한 거죠.

quick

'빠르다'라는 느낌을 전할 수 있는 상황에서 모두 활용 가능합니다. '이해력이 빠르다', '신속하다', '순간적으로 발생하다', '예민하다', '민감하다' 등의 다양한 의미를 전달합니다.

핵심표현

 MP3 029

- **She's quick and she's cool.**
  그녀는 영리하고 아주 멋져.

- **We just have a few quick questions for you.**
  몇 가지 간단한 질문들을 좀 드리겠습니다.

- **Kyle is quick-tempered but he isn't careless.**
  카일은 성미가 좀 급하지만 행동이나 말이 경솔하지는 않아.

영화 속 사용

A How did you find me?
B I'm smart. So, I need a ride.
A Is this a joke?
B You're the reason why I can't drive. Come on. Be **quick**. It'll be painless. Where's your car?

<movie, *Sweet November*>

A 어떻게 날 찾았어요?
B 제가 좀 똑똑하거든요. 저 태워 주세요.
A 농담이죠?
B 제가 운전 못하게 한 장본인이잖아요. 어서요. 서둘러요. 그게 뭐 어려운 일이라고. 자동차 어디 있어요?

slow

'느리다'라는 뜻입니다. 단지 속도가 느린 상황에서만 적용되는 건 아닙니다. 이해력이 떨어지거나 동작이 느릴 때도 사용됩니다. 문장 속에서의 활용이 특히 중요한 어휘이죠.

핵심표현 MP3 030

- **He's slow-witted.**
  걔 정말 머리 회전이 느려.

- **Could you repeat that? I'm feeling a bit slow today.**
  다시 한 번 말씀해 주시겠어요? 오늘은 좀 머리가 빨리 돌아가지 않네요.

- **I need a new lap-top. This one's really slow.**
  노트북 컴퓨터 하나 새로 사야겠어. 이건 너무 느려.

영화 속 사용

- **A** Hey, T.J. Hi, Molly.
- **B** Hi, Amanda.
- **C** Hi. How was your week?
- **A** A little slow. It'll pick up. So, what's good today?
- **B** The blackberries are very nice.

<movie, *Simply Irresistible*>

- **A** 안녕하세요, T.J. 안녕, 몰리.
- **B** 안녕하세요, 아만다.
- **C** 안녕. 지난 주(한 주간) 어땠어?
- **A** 별로였어요. 나아지겠죠. 오늘 뭐가 좋아요?
- **B** 블랙베리가 아주 좋아.

wrong

옳고 그름을 따질 때 '그르다'라는 의미를 전합니다. 정상적이지 않은 행위를 말할 때도 '비정상적이다'라는 느낌으로 활용할 수 있죠. 물론 '잘못되었다'라고도 해석할 수 있습니다.

  MP3 031

- **Don't get me wrong.**
  나를 오해하지 마.

- **I was given wrong information.**
  내가 잘못된 정보를 받은 거였지.

- **I supposed it was wrong to talk to you about this.**
  내 생각에 너와 이 문제로 대화를 나누는 건 잘못된 거라고 봤어.

영화 속 사용

Ⓐ Rachel, I'm sorry. That came out **wrong**.
Ⓑ Sharon, forget it. It's okay. Look, I wouldn't have made it this far without you. I mean it. I'll call you tomorrow, okay?
Ⓐ Okay.

<movie, *Half Light*>

Ⓐ 레이첼, 미안해. 말이 잘못 나온 거였어.
Ⓑ 쉐론, 신경 쓰지 마. 괜찮아. 있잖아, 내가 어떻게 이렇게까지 왔겠어. 네가 없었으면 말이야. 그냥 하는 소리 아니야. 진심이야. 내가 내일 전화할 테니까 그렇게 알아. 알았지?
Ⓐ 알았어.

right

옳고 그름 중에서 '옳다'에 해당되는 어휘입니다. '몸에 맞다'라는 느낌을 전하기도 하고 '정당하다'의 뜻까지 포함하죠. 발음은 light 와 혼동하지 않도록 [r] 발음을 정확히 할 줄 알아야 합니다. [l]과 [r]의 가장 큰 차이는 혀 끝이 입천장이나 윗니의 뒤쪽에 닿느냐([l]) 닿지 않느냐([r])입니다.

  MP3 032

- **Is that right?**
  정말이야?

- **The climate is right.**
  기후가 나한테 딱 맞아.

- **It isn't right that you're always alone.**
  그건 옳지 않아. 네가 왜 항상 혼자여야 되냐는 말이지.

영화 속 사용

A And you're **right**.
B About what?
A If you're that unhappy, then we should move. Maybe head back to the city. We could leave tomorrow.
B Thank you.

<movie, *The Stepford Wives*>

A 그리고 당신이 옳아.
B 내가 뭘요?
A 당신이 그 정도로 마음이 불편하다면 우리 이사 가야지 뭐. 도시로 다시 돌아갈 수도 있는 거고, 내일 당장 떠나자고.
B 고마워요.

long

기본적으로 '길이가 길다'를 떠올리게 됩니다. 물론 맞습니다. 그러나 그보다 더 활용 빈도가 높은 의미는 '시간이 길다'입니다. '시간'과 '기간'을 말할 때 long이 사용된다는 사실을 예문을 통해서 정확히 기억하세요.

핵심표현

 MP3 033

- **It's a long trip this time.**
  이번에는 여행이 좀 길어.

- **How long have you two known each other?**
  너희 둘은 얼마나 오랫동안 서로 알고 지낸 사이니?

- **I just hadn't heard from you in a long time.**
  정말 오랫동안 너한테 연락이 없었잖아.

영화 속 사용

A Excuse me. Alex? You have a visitor.
B I do?
A Oh, yeah.
B Would you excuse me?
C Well, don't be **long**.

<movie, *Fools Rush In*>

A 잠깐만 실례합니다. 알렉스. 누가 찾아 왔는데.
B 그래?
A 그래.
B 잠깐 실례해도 되겠습니까?
C 너무 늦지 말고 바로 와.

short

물론 '짧다' 맞습니다. 하지만 그게 전부는 아니죠. '양이 모자라다'의 느낌 역시 short로 전합니다. '짧은 시간'의 의미를 전달하기도 합니다. 가장 쉽게 이해되는 의미는 역시 '길이가 짧다'이죠. 단어만 독립적으로 기억하고 있으면 아무 소용없습니다. 문장을 기억해야 합니다.

 MP3 034

- **We're short on manpower.**
  우리 지금 인력이 부족해.

- **I went out with him for a short while.**
  그와 잠깐 동안 데이트를 좀 했어.

- **She strutted like a model in her short skirt.**
  그녀는 짧은 치마를 입고 모델처럼 거들먹거리면서 걸었다.

영화 속 사용

A Are you getting a divorce?
B It shows?
A These are furnished, short-term apartments. That's who we get. Your neighbor in 2-B. He's an attorney. Nice guy.

<movie, *Under the Tuscan Sun*>

A 이혼하실 건가 봐요?
B 그게 다 보여요?
A 여긴 다 붙박이에요. 단기 거주 아파트죠. 그런 분들만 모셔요. 옆집 2-B에 사는 사람이요. 변호사에요. 아주 괜찮은 사람이죠.

interesting

흥미로운 것을 지칭할 때 사용하는 어휘입니다. 물론 사람이 주어로 올 수 있습니다. 단순히 '재미있다'가 아니라 어떤 상황이나 물건, 그리고 사람을 통해서 '재미'와 함께 '지식', 또는 '상식'을 얻을 수 있다는 느낌을 전하죠.

 MP3 035

- **Sounds interesting.**
  그거 듣고 보니 흥미로운 걸.

- **That must be interesting work.**
  그거 흥미로운 일임에 틀림없어.

- **That'll be an interesting approach for you.**
  그게 너에게는 흥미로운 접근 방법이 될 거야.

Ⓐ So, how's business?
Ⓑ What do you want?
Ⓐ All right, I'll cut to the chase. I've been hearing **interesting** things about what you guys are doing here. How'd you like to come work for Atheon...get paid 10 times as much as you are now?

<movie, *Hulk*>

Ⓐ 일 잘 돼?
Ⓑ 원하는 게 뭐야?
Ⓐ 좋아, 본론만 말하지. 너희들 여기에서 진행하고 있는 것에 대한 흥미로운 이야기 많이 들었어. 와서 애씨언과 함께 일하는 게 어때? 봉급도 지금 받는 것에 10배를 받을 수 있는데.

funny

'웃기다'에 해당하는 어휘입니다. 단순히 '재미'를 말하는 것이죠. 개그 프로그램을 보면서 '재미있다'고 말할 때 바로 이 어휘를 사용합니다. interesting과는 근본적으로 다른 어휘이죠. 그리고 funny는 구어체에서 '이상하다'의 느낌을 전하기도 합니다.

핵심표현 MP3 036

- **He's funny.**
  그 사람 참 재미있어.

- **What's so funny?**
  뭐가 그렇게 재미있어?

- **She's a courageous, funny, articulate woman.**
  그녀는 용기 있고, 재미있고, 또 생각이 분명한 여자야.

영화 속 사용

A This is gonna sound **funny**, but I didn't come here to see the museum. I came here to see you.
B Oh? I hope you didn't come all the way down here to apologize about last night.
A No, I came to talk about something else. I'm Louie.
<movie, *Chances Are*>

A 좀 이상하게 들리겠지만, 박물관 보려고 온 게 아닙니다. 당신을 만나려고 온 거예요.
B 그래요? 설마 어젯밤 일을 사과하려고 여기까지 온 건 아니겠죠?
A 아니요, 다른 이야기를 하려고 왔어요. 저, 루이예요.

deep

'깊다'라는 의미입니다. 당연히 물리적으로 깊다는 뜻을 전하죠. 그에 더해 '깊고 친밀한 상태'를 말할 때, 또는 '정도가 심하다'라는 느낌을 전할 때도 사용됩니다. 결국 어떤 식으로든 '깊이가 있음'을 느낄 수 있습니다.

핵심표현

 MP3 037

- **Take a deep breath.**
  숨을 좀 깊게 들이켜 봐.

- **I'd be in deep trouble if I lost that.**
  내가 그걸 잃으면 난 정말 엄청난 문제에 빠지게 돼.

- **Please, accept our deepest condolences.**
  진심으로 깊은 애도의 뜻을 전합니다.

영화 속 사용

A Try not to frown.
B I'm sorry. Was I frowning?
A You have to relax. How can I be expected to open up if you're not relaxed?
B Right.
A Take a **deep** breath. Start again.

<movie, *Kinsey*>

A 인상 쓰지 않도록 해.
B 죄송합니다. 제가 인상 썼나요?
A 긴장 풀어. 어떻게 내가 솔직하게 말하겠나? 자네가 긴장하고 있는데.
B 알겠습니다.
A 심호흡을 해. 다시 시작하자고.

busy

우리에게 가장 잘 알려진 어휘 중 하나입니다. '바쁘다'라는 뜻이죠. 그러나 우리는 이 어휘를 이용해서 다양한 문장을 익혀본 경험이 없습니다. 그렇기에 문장들을 적극적으로 구사할 수가 없죠. 지금부터 제시되는 문장들을 정확히 기억하기 바랍니다.

핵심표현

 MP3 038

- **I know how busy you are.**
  네가 얼마나 바쁜지 내가 잘 알아.

- **This should keep you busy for a day or so.**
  이 일로 하루 이틀 정도 바쁠 거야.

- **What if I'm too busy to meet with him.**
  내가 너무 바빠서 그를 만나지 못하면 어쩌지?

 영화 속 사용

A How long has it been?
B Three months. Do you mind if I have some of these?
A Oh, no. Go ahead. Help yourself.
B You've done a lot with this place.
A Yeah, I've been kind of **busy**.

<movie, *Fools Rush In*>

A 얼마나 됐죠?
B 3개월이요. 이것 좀 먹어도 돼요?
A 그럼요. 어서 드세요. 마음껏.
B 이곳 손을 많이 보셨군요.
A 예. 좀 바빴어요.

easy

우리가 알고 있는 그대로 '쉽다'라는 의미를 전합니다. 이 외에 '수월하다', '부담이 없다', '여유가 있다', '천천히 하다' 등의 의미가 있다는 사실도 잊어서는 안 되죠. 이 모든 우리말 의미에는 근본적으로 '쉽다'가 자리하고 있습니다.

핵심표현

 MP3 039

- **She was easy to talk to.**
  그녀는 대화를 나누기가 정말 편한 사람이었어.

- **This isn't as easy as it sounds.**
  이게 듣는 것처럼 그렇게 쉬운 일이 아니야.

- **Go easy on him.**
  그 사람 살살 다뤄.

영화 속 사용

A All right, girls. No more beating around the bush. Nancy.
B Oh, I can't.
A Oh, come on. It can't be that bad.
B He insists on once a week.
A Ah, you got off **easy**.

<movie, *Far From Heaven*>

A 얘들아, 됐어. 더 이상 말 돌리지 말고 제대로 얘기해. 낸시야.
B 난 싫어.
A 왜 이래. 말해도 괜찮아.
B 그는 1주일에 한 번 꼭 해야 돼.
A 그 정도면 뭐 가벼운 편이네.

difficult

'어렵다'라는 의미이죠. '힘들다', '성격이 까다롭다' 등의 의미도 더불어 기억해 두어야 합니다. 그저 '어렵다'라는 우리말에만 고정되어 있으면 '문제가 어렵다'의 경우 이외에는 이 어휘가 생각나지 않습니다. 어휘는 폭 넓은 이해가 필요한 것입니다.

핵심표현

MP3 040

- **It looked difficult at first.**
  그거 처음에는 어려워 보였어.

- **I know this is difficult to talk about.**
  알죠. 이 주제는 대화하기가 상당히 까다로워요.

- **It's very difficult to get over an addiction.**
  중독에서 벗어나는 건 정말 어려운 일입니다.

영화 속 사용

Ⓐ Mr. Green, what are you doing here? I was just on my way to the airport.
Ⓑ Come here, Sam. Listen to me. Love can sometimes be a very **difficult** thing.

<movie, *Fools Rush In*>

Ⓐ 그린 아저씨, 여기서 뭐 하시는 거예요? 저는 막 공항으로 가려던 참이었어요.
Ⓑ 샘, 이리 와봐. 내 말 잘 들어. 사랑이라는 건 말이야, 때때로 사람을 아주 힘들게 만드는 것일 수도 있는 거야.

hard

물론 '딱딱하다'가 기본입니다. 그렇기 때문에 '힘들다'로 파생됩니다. 이해하기 힘들거나 다루기 힘들 때 사용하죠. 그런가 하면 뭔가를 심하게 비난하거나 혹독하게 다룬다고 할 때도 이 어휘를 사용하게 됩니다.

핵심표현

 MP3 041

- **Don't be hard on yourself.** 너무 자학하지 마.
- **Don't give me a hard time today.**
  오늘 나 힘들게 하지 마.
- **She's having a hard time explaining them to him.**
  그녀는 지금 그것들을 그에게 설명하느라 대단히 고생하고 있어.

영화 속 사용

A Sorry about the bathrobe.
B What do you mean?
A Oh, I just had such a **hard** time getting you a present.
B I love this bathrobe.
A Now I think the problem is that you never really want anything.

<movie, *Shall We Dance*>

A 괜히 실내복으로 샀어.
B 무슨 소리예요?
A 그래도 정말 꽤 고생하면서 고른 건데 말이야.
B 이거 좋은데 왜요.
A 당신은 정말 아무 것도 원하는 게 없다는 게 문제인 것 같아.

perfect

'완벽하다'라는 의미입니다. 모든 면에서 빈틈이 없고 정확하다는 뜻이죠. 명사의 완벽을 표현하기 위해 수식어로 자주 사용됩니다. 문장에서의 쓰임새를 정확히 기억하여 일상생활 속에서 자유롭게 활용할 수 있도록 노력해야 합니다.

핵심표현

 MP3 042

- **Nobody's perfect.**
  세상에 완벽한 사람은 없어.

- **He doesn't have to be perfect to deserve your love.**
  그가 완벽해야만 네 사랑을 받을 자격이 있는 건 아니잖아.

- **I'm not perfect, but I try everything to make the situation work.**
  난 완벽하지는 않지만, 모든 수단을 동원해서 그 상황이 제대로 돌아가도록 만드는 거야.

영화 속 사용

A You're mad at me. I can tell.
B It's OK. I'm just moody.
A It's a beautiful day, isn't it?
B Yes, it is. How was my landing?
A Nearly **perfect**.

<movie, *Always*>

A 너 나한테 화났구나. 알아.
B 괜찮아. 그냥 기분이 꿀꿀한 거야.
A 날씨 좋지?
B 그러게. 나 착륙 잘 한 거야?
A 거의 완벽했어.

open

'열려 있다'라는 의미입니다. 물리적으로 열려 있는 것은 물론이고 마음이 열려 있다는 의미를 전하기도 하죠. 마음이 열려 있다는 것은 모든 것을 받아들일 자세가 되어 있다는 의미이기도 합니다. 솔직하기도 하고요. 물리적인 의미와 추상적인 의미가 모두 중요합니다.

 핵심표현 MP3 043

- **Leave it open.**
  그거 그냥 열어 놔.

- **Keep your eyes open.**
  눈 똑바로 뜨고 잘 감시해.

- **I just want us to have an open, friendly relationship.**
  난 우리가 솔직하고 친한 관계를 갖기를 바라.

영화 속 사용

Ⓐ Now get out, walk around the back and hold the door **open**.
Ⓑ All right. What's next?
Ⓐ Okay, stop grinning. When I get inside, you go back to the front seat and wait.

<movie, *Catch Me If You Can*>

Ⓐ 지금 밖으로 나가. 뒤쪽으로 돌아서 문을 열어 잡고 있어.
Ⓑ 알았어요. 다음은요?
Ⓐ 웃지 마. 내가 안으로 들어가면 다시 앞자리로 가서 기다려.

late

대단히 평범한 어휘이면서 그다지 활용이 쉽지 않은 어휘이기도 합니다. '늦다' 맞습니다. 하지만 그 의미만을 알고 있다고 해서 다 알고 있는 것은 아니죠. 실용적인 문장 안에서 활용되는 late의 모습을 확인하세요.

 핵심표현   MP3 044

- **Sorry I'm late.**
  늦어서 미안해요.

- **I know this is kind of late, but thank you.**
  좀 늦은 감이 있지만 어쨌든 그때 고마웠어.

- **It's too late for you to take a subway home.**
  전철 타고 집에 가기엔 너무 늦었어 지금.

 영화 속 사용

Ⓐ You sure you don't need a pickup?
Ⓑ I thought you lost your wallet.
Ⓐ It's just five minutes.
Ⓑ Dad, I'm taking the red-eye. It's the last flight out. It's gonna be way too late.

<movie, *Red Eye*>

Ⓐ 정말 픽업해주지 않아도 돼?
Ⓑ 지갑 잃어버리셨다면서요.
Ⓐ 5분밖에 안 걸리니까 괜찮아.
Ⓑ 아빠, 저 야간비행기 타잖아요. 마지막 비행기예요. 너무 늦을 거예요.

early

흔히 부사로만 사용되는 줄 알고 있지만 형용사로도 대단히 빈번히, 그리고 중요하게 활용되는 어휘입니다. '이른 시간에'라는 의미이죠. early가 활용된 문장들은 특히 그 활용 빈도가 높습니다.

핵심표현

 MP3 045

- **I've got an early morning tomorrow.**
  나 내일 일찍부터 움직여야 돼.

- **We can be there by early afternoon.**
  우리 오후 일찍 도착할 수 있어.

- **It's still early. You've got plenty of time to pick up a real stud.**
  아직 일러요. 시간 많으니까 정말 멋진 남자를 골라봐요.

영화 속 사용

A Nicole's coming over to look out for the kids tonight. She'll be there around 6:00.
B Billy, that's too **early**.
A Nicole says she's got to be home by 9:00.
B Can't you make it later?

<movie, *The Sweet Hereafter*>

A 니콜이 오늘 밤에 아이들 봐주러 올 거야. 6시경에 올 걸.
B 빌리, 그건 너무 일러요.
A 니콜이 9시까지 집에 가야 된대.
B 좀 더 늦출 수 없을까요?

dark

날이 어둡다거나 색깔이 어둡다고 말할 때 사용합니다. '어둡다'를 넘어서 '검다'라는 의미를 전하기도 하죠. 물론 black 보다는 밝은 어둠입니다. 또한 '캄캄한 상태에 있다'해서 '모른다'라는 의미를 전하기도 합니다.

핵심표현

 MP3 046

- **It was dark by the time I got home.**
  집에 도착했을 때쯤은 날이 어두워졌을 때였어.

- **I get a little scared in the dark.**
  저는 어둠 속에서는 좀 무서워요.

- **I'm completely in the dark.**
  난 전혀 모르겠어.

영화 속 사용

A Hi. How are you? Geez, Ma, get some air in here.
B You lock the door after you?
A Yeah. I did.
B Somebody called here last night after **dark**.
A Who?
B You think I'd answer? It was **dark** out.

<movie, *Sopranos*>

A 잘 계셨죠? 엄마, 환기 좀 시켜요.
B 문 닫았니?
A 예. 닫았어요.
B 누가 어젯밤에 날도 어두운데 전화를 했더구나.
A 누가요?
B 내가 받았겠니? 날도 어두운데.

warm

날이 따뜻하다고 말할 때 사용하는 형용사입니다. 따뜻한 정도가 심해지면 '뜨겁다'라는 의미를 전하기도 하죠. 또한 동사로도 쓰여서 '따뜻하게 하다'의 의미를 전할 때도 있습니다.

 MP3 047

- **The forecast says it'll be warm.**
  일기예보에 날씨가 따뜻해질 거라던데.

- **It warms me when I'm cold.**
  추울 때 그게 몸을 따뜻하게 해주지.

- **Global warming is a calamity.**
  지구온난화 현상은 재앙이야.

영화 속 사용

A Listen, I want to take Bryan out for a drive, show him around San Marino.
B Okay, honey. Good.
C Annie, it's a little nippy out. You might want to put on a sweater.
A Oh, dad, it's okay. I'm kinda warm.

<movie, *Father of the Bride*>

A 저기요. 브라이언 데리고 나가서 드라이브 좀 시켜줄게요. 산 마리노 주변을 구경 시키게요.
B 그래라. 그게 좋겠어.
C 애니야. 밖이 좀 쌀쌀해. 스웨터 입고 나가라.
A 괜찮아요, 아빠. 전 따뜻해요.

hot

뜨겁거나 날씨가 매우 더울 때 사용합니다. 대중적으로 대단히 인기를 얻어서 열기가 뜨겁다고 말할 때도 사용하죠. 그런가 하면 뭔가에 정통해 있다는 느낌을 전하기도 하고, 경우에 따라서는 화가 나서 열 받는다는 의미로 쓰이기도 합니다.

핵심표현

MP3 048

- **It's too hot in here.** 이 안이 너무 더워.
- **He's hot on arts.**
  그는 미술에 대단히 정통해 있어.
- **I'm hot under the collar when someone is criticizing my work.**
  난 누가 내가 하는 일을 비난하면 열 받아서 못 살아.

- A Always this **hot** around here?
- B Oh, yes. This time of year.
- A There's some sodas in the truck if you'd like one.
- B Would you like one?
- A Not now.
- B I'll go get one.

<movie, *Bridges of Madison County*>

- A 항상 이 주위는 이렇게 더워요?
- B 아, 예. 연중 이맘때면 그래요.
- A 트럭에 탄산음료수 좀 있어요. 원하시면 드세요.
- B 드시겠어요?
- A 전 지금 됐어요.
- B 가서 하나만 가지고 올게요.

asleep

잠에 든 상태를 의미합니다. 쉬운 어휘에 속하면서도 그 활용이 익숙해지지 않는 어휘입니다. 형용사라는 사실을 잊지 말아야 합니다. '잠자고 있다', '잠들다' 등으로 이해됩니다.

핵심표현

 MP3 049

- **Why aren't you asleep?**
  왜 잠을 못 자고 그래?

- **Do you fall asleep with the TV on?**
  너는 평소에 TV를 켜놓고 자니?

- **I fall asleep as soon as my head hits the pillow.**
  나는 머리가 베개에 닿자마자 잠드는 거 있지.

영화 속 사용

A Hello?
B Sonny, it's your dad. You **asleep**?
A No. I was exercising.
B Bullshit. You were sleeping.
A No, I wasn't.
B This kid won't stop lying to me. You still act like you're 6.

<movie, *The Sweet Hereafter*>

A 여보세요?
B 소니야, 아빠다. 자냐?
A 아니요. 운동하고 있었어요.
B 이런 자식하곤. 자고 있었잖아.
A 아니예요. 안 잤어요.
B 이놈 끝까지 거짓말이야. 아직도 네가 여섯 살인 줄 아니?

shy

흔히 '수줍어하다'로 이해합니다. '숫기가 없다'라는 의미로도 쓰이죠. 그래서 뭔가를 하기 꺼려한다는 느낌도 포함합니다. 물론 잘 놀라고 겁이 많은 경우와도 밀접한 관계가 있습니다.

핵심표현

MP3 050

- **Don't be shy.**
  수줍어하지 말아요.

- **I was so shy of how I looked.**
  내 외모가 얼마나 부끄럽던지.

- **Once bitten, twice shy, the old saying goes.**
  자라보고 놀란 가슴, 솥뚜껑 보고도 놀란다는 옛말이 있잖아.

영화 속 사용

Ⓐ Mrs. Peterson.
Ⓑ Hello, Jack. you don't have to stop singing on my account.
Ⓐ Oh, it's because I'm **shy**, Betty. So, when are you gonna leave that old corpse, Mr. Peterson, and run away with me?

<movie, *The Family Man*>

Ⓐ 피터슨 여사님.
Ⓑ 안녕, 잭. 나 때문에 하던 노래 멈출 필요 없는데.
Ⓐ 좀 창피해서 그러죠, 사모님. 언제쯤 그 시체 같은 아저씨 곁을 떠나시려나? 저하고 멀리 도망가셔야 되는 거 아닌가요?

gorgeous

극도로 좋다는 의미입니다. '대단하다', '멋지다', '굉장하다' 등으로 이해할 수 있죠. 사람이나 물건, 또는 상황에 모두 적용됩니다. 보통 감탄과 탄성을 자아내는 겉모습을 보면서 사용한다고 생각하면 되겠습니다.

  MP3 051

- **How come you're so gorgeous?** 넌 어쩜 그렇게 멋있니?

- **You're more gorgeous in person.**
  직접 뵈니까 훨씬 멋있어요.

- **She's gorgeous, stylish, and completely amazing.**
  그녀는 정말 대단한 외모에, 스타일리시하고 놀랄 정도로 완벽해.

영화 속 사용

A Hey, M.J.! Come take a ride in my new birthday present.
B Oh, my God, it's **gorgeous**!
A Yeah, right.
B Look at it!
A Hop in.
B Oh, my God. What a cool car!

<movie, *Spiderman*>

A 안녕, M.J. 와서 타봐. 생일 선물로 새로 받은 차야.
B 세상에. 끝내준다!
A 그렇지?
B 세상에, 어쩜. 이거 좀 봐!
A 어서 타.
B 오, 정말 너무 멋있다!

healthy

'건강하다'라는 의미의 형용사입니다. 물론 몸만 건강한 것이 아니라 마음이 건강한 경우도 해당되죠. 건강에 좋은 음식을 말할 때도 사용됩니다. 흔히 healthy food라고 합니다.

핵심표현

 MP3 052

- **This will keep you healthy.**
  이걸 먹으면/이렇게 하면 건강을 유지할 수 있을 거야.

- **I want to be fit to live long, healthy life.**
  난 건강을 유지하면서 정말 오랫동안 건강하게 살고 싶어.

- **Eat healthy balanced meals. Your craving for sugar will decrease.**
  균형 잡힌 건강식을 먹어봐. 설탕 생각이 줄어들 거야.

영화 속 사용

A I expect to see you tonight at Anthony Junior's birthday party.
B Only if I'm picked up and brought back home.
A You're a **healthy** girl. It's good for you to drive.

<movie, Sopranos>

A 오늘 밤 앤소니 주니어 생일 파티에서 뵙기를 바랍니다.
B 누가 픽업해 주고 또 집까지 데려다 주면 모를까.
A 건강하시잖아요. 운전하시는 것도 건강에 좋아요.

sick

'몸이 아프다'라는 의미의 형용사입니다. 아주 쉽게 느껴지지만 절대 그렇지 않습니다. 같은 의미로 영국에서는 흔히 ill을 쓰죠. sick 에는 '메스껍다', '싫증나다' 등의 느낌도 포함되어 있습니다.

핵심표현

MP3 053

- **He's very sick. He has food poisoning.**
  걔 많이 아파. 식중독 걸렸어.

- **This makes me sick.**
  이거 때문에 메스껍고 죽겠어 정말.

- **I'm sick and tired of orders from you.**
  당신한테 이래라 저래라 명령 받는 거 정말 지쳤어요.

영화 속 사용

- **A** I can't believe you're here.
- **B** I live here in Paris. Are you sure you don't have to stay? You're not supposed to talk more?
- **A** No. They're sick of me. I spent the night here.

<movie, *Before Sunset*>

- **A** 여긴 어떻게 알고 온 거예요?
- **B** 저 여기 파리에 살잖아요. 정말 자리 비워도 괜찮은 거예요? 사람들하고 더 이야기해야 되는 거 아니에요?
- **A** 아니에요. 다들 저 때문에 피곤할 거예요. 지난밤 여기서 저들과 함께 묵었거든요.

heavy

뭔가 한꺼번에 잔뜩 밀려 있어서 느껴지는 감정입니다. 농도가 짙고 양이 많습니다. 결국 '무겁다', '혼잡하다', '진하다', '양이 너무 많다' 등의 느낌을 전하죠. 때로는 '다루기 힘들고 어렵다'라는 의미로도 이해됩니다.

 MP3 054

- **The traffic is very heavy.**
  교통이 너무 혼잡해.

- **Your workload is too heavy.**
  네가 처리할 작업 분량이 너무 많아서 부담스러운 거야.

- **Heavy drinking during pregnancy can damage your baby.**
  임신 중 과음을 하면 아이에게 손상을 줄 수 있어.

영화 속 사용

A Damn, that's a **heavy** door.
B Let me give you a hand there.
A Thank you very much. Aren't you a gentleman, Mr.⋯
B Uh, Scott.
A Mr. Scott. Pleased to meet you.

<movie, *Erin Brockovich*>

A 어이구, 문 정말 무겁네.
B 도와드릴게요.
A 고마워요. 정말 젠틀하시네요. 성함이⋯
B 스코트요.
A 스코트 씨. 만나서 반갑습니다.

simple

간단하고 단순하다는 느낌의 형용사입니다. 그렇기 때문에 '쉽다'고도 말할 수 있죠. 느낌이나 상태가 '간결하다'라는 것도 같은 분위기로 묶을 수 있습니다.

핵심표현  MP3 055

- **It's nowhere near that simple.**
  그건 절대 그렇게 쉬운 문제가 아니야.

- **You need to recognize a simple fact that many people lose sight of.**
  너는 많은 사람이 간과하고 있는 간단한 사실 하나를 인지하고 있어야 해.

- **You can start boosting your confidence with this simple program.**
  이 간단한 프로그램을 통해 자신감을 높이기 시작할 수 있습니다.

 영화 속 사용

A Dear Cindy, I want to go back to school, but my husband is against it. What should I do?
B So, what did you tell her?
A Simple. Why do you need school? You have a husband.

<movie, *Good Advice*>

A 신디. 다시 학교로 돌아가고 싶어요. 그런데 남편이 반대하네요. 어쩌면 좋을까요?
B 그래서 뭐라고 말해줬어?
A 간단해. 왜 학교가 필요해요? 남편이 있잖아요.

fine

단순히 '좋다'가 아니라 '대단히 좋다'라는 느낌입니다. 훌륭하고 멋지죠. 사람이 아주 우수하고 뛰어나다는 느낌을 전하기도 합니다. 건강이 아주 좋다는 의미도 포함하고요. 날씨로 따지면 아주 쾌청한 느낌입니다.

핵심표현

 MP3 056

- **Just get some sleep and you'll be fine.**
  눈 좀 붙여. 그러면 개운해질 거야.

- **I think everything is going to be fine.**
  모든 일이 다 잘 될 거야.

- **I begged Jason to let me go home and change, but he assured me that I looked fine.**
  제이슨에게 집에 가서 옷을 갈아입겠다고 했는데 안 그래도 예뻐 보인다고 난리였지.

영화 속 사용

A So when's your interview?
B Oh, it was today.
A How'd it go?
B **Fine**, I guess. I just did the interview 'cause Mom wants me to.

<movie, *Erin Brockovich*>

A 그래, 인터뷰는 언제야?
B 아, 오늘 했어.
A 잘 했어?
B 잘한 거 같아. 난 그저 엄마가 원하니까 인터뷰 한 것뿐이야.

favorite

아주 마음에 든다는 느낌의 형용사입니다. 그래서 '가장 좋아하다'라는 의미를 전하기도 하죠. 사람이나 물건에 모두 적용됩니다. 형용사뿐 아니라 명사로도 사용된다는 사실을 기억해 두면 좋습니다.

 핵심표현 MP3 057

- **It's his favorite pastime.**
  그건 그가 가장 좋아하는 취미야.

- **I can't zip up my favorite jeans.**
  내가 제일 좋아하는 청바지인데 지퍼가 채워지질 않아.

- **I suggested we have dinner at our favorite restaurant.**
  우리가 가장 좋아하는 식당에 가서 저녁을 먹자고 제안한 거야.

 영화 속 사용

Ⓐ You mind if I take a look? These are your relations?
Ⓑ Yes. That's my little nephew, Jake. I got him a camera for his birthday.
Ⓐ Well, you must be his **favorite** uncle then.
<movie, *One Hour Photo*>

Ⓐ 나도 좀 봐도 돼요? 친척 분들이세요?
Ⓑ 예. 그게 제 조카 제이크에요. 생일이라서 카메라를 사줬죠.
Ⓐ 그럼 조카가 당신을 제일 좋아하겠네요.

kind

마음속에 '정'을 담고 있다는 느낌의 형용사입니다. 그래서 '친절하다', '동정심이 있다', '사려 깊다' 등의 의미로 이해하면 되죠. 늘 접하던 단어라고 깊은 뜻을 무심코 넘기면 안 됩니다.

핵심표현

 MP3 058

- **I'm kind.**
  이 정도도 내가 잘 봐준 거야.

- **You're very kind to offer this.**
  이런 걸 제안해 주시니 너무 감사합니다.

- **It's awfully kind of you to let me stay here.**
  제가 여기에 머물 수 있게 해주시니 얼마나 감사한지 모르겠습니다.

영화 속 사용

A So you came to see me.
B You gave me a C.
A I'm kind.
B The assignment was to write about Bruegel. That's what I did.
A No, what you did was copy Strauss.

<movie, *Mona Lisa Smile*>

A 무슨 일로 날 찾아 온 거야?
B 제게 C를 주셨어요.
A 그것도 잘 준 건데 왜.
B 브루겔에 대해서 써오라고 하셨잖아요. 그래서 그렇게 한 건데요.
A 아니, 학생이 쓴 건 스트라우스의 의견을 그대로 복사한 거야.

serious

'진지하다'라는 느낌입니다. 농담과는 거리가 먼 것이죠. 그래서 '농담이 아니다'로 이해할 수도 있고 '생각이 깊다', '심각하다', '대단히 중요하다', '위험하다' 등의 느낌까지 전하는 어휘입니다.

MP3 059

- **Now let's get serious.**
  자, 이젠 진지하게 이야기해 봅시다.

- **I'll give it a serious thought.**
  그 문제를 진지하게 생각해 보겠습니다.

- **I want to talk to you about a serious matter.**
  자네와 대화를 좀 하고 싶어. 심각한 문제거든.

영화 속 사용

You have so many friends in this world, you can't use one more? I'm serious. If you need someone to look after your kids after school or whatever, I don't have a job now, so...

<movie, *Erin Brockovich*>

세상을 살다 보면 많은 친구들을 사귀게 되잖아요. 저도 그 친구들 중의 한 사람으로 봐 주면 안 됩니까? 저 지금 진심으로 드리는 말씀이에요. 어차피 사람 필요하시잖아요. 아이들 방과 후라든지 뭐 어쨌든 아이들을 돌봐줄 사람이요. 지금 당장은 제가 뭐 특별한 일도 없고 하니...

free

'자유롭다'라는 느낌이 그대로 살아 있는 어휘입니다. 소유로부터의 자유로움이죠. 시간으로부터 자유롭다면 '시간이 있다'라는 의미가 되고 돈으로부터 자유로우면 '돈이 없다'가 됩니다. 또한, '공짜'라는 의미로까지 파생되고 '~이 없다'라는 뜻을 전하기도 하죠.

핵심표현

 MP3 060

- **Try to use all your free time to sleep.**
  여유 시간이 있으면 무조건 자.

- **The condos are free, but you need to book early.**
  콘도는 공짜야. 하지만 일찍 예약해야 돼.

- **I wonder if you're free to come to my office for a drink.**
  우리 사무실에 와서 한 잔 할 시간 있어?

영화 속 사용

A Are we taking bets?
B Are we? But what if you're wrong?
A I don't think I'm gonna be wrong, but if I am, the ride's free.
B Okay, you got yourself a deal.

<movie, Collateral>

A 내기 할까요?
B 그럴까요? 지면 어쩌실래요?
A 그럴 리는 없지만 만약 그렇게 되면 차비는 받지 않겠습니다.
B 좋아요. 약속한 겁니다.

rude

뭔가 미숙한 느낌입니다. 그렇기 때문에 '예의가 없다'라는 의미로 해석되죠. 미완성의 느낌이에요. 교양이 없고 야만적인 성품을 드러낸다고도 이해할 수 있는 형용사입니다.

 MP3 061

- **I don't mean to be rude.**
  일부러 무례하게 행동할 생각은 없습니다.

- **She's being rude.**
  쟤가 오늘따라 좀 예의가 없네.

- **I don't want to be rude to you, but they don't go with anything.**
  무례할 의도는 전혀 없어요. 하지만 그건 아무 것과도 어울리지가 않네요.

 영화 속 사용

A Sit down or something.
B I'm circling a while.
A You're not supposed to look around. I didn't have a chance to straighten up.
B So? It's more real this way.
A It's rude.

<movie, *Angel Eyes*>

A 앉던지 좀 하세요.
B 잠깐 둘러보고요.
A 그러지 말아요. 정돈할 시간이 없어서 전혀 손을 못 댔어요.
B 그게 뭐가 어때서요? 이게 훨씬 더 자연스럽잖아요.
A 지금 무례한 행동하시는 거예요.

062 full

뭔가 빈틈 없이 가득 찬 느낌이죠. 그렇다면 '완전하다'라는 의미를 이해할 수가 있죠. 수량이나 정도가 최대한이라는 뜻도 있습니다. 물론 배가 꽉 차서 '배부르다'의 의미도 전하죠. 넉넉하고 풍족한 어휘입니다.

핵심표현

MP3 062

- **I'm full.**
  난 배부르다.

- **Your story is full of holes.**
  네 이야기는 모순 투성이야.

- **Make a full and complete disclosure.**
  남김없이 완전히 다 털어놓도록 하란 말이야.

영화 속 사용

A Oh, oh, I'm so sorry! I absolutely did not mean to do that. Here. Let me get that for you.
B It's okay.
A No, no, no. I'm mortified, really. I can see your hands are **full**.
B Thank you.

<movie, *What Women Want*>

A 아이고, 죄송합니다. 전혀 이럴 의도가 아니었는데. 제가 해드릴게요.
B 괜찮아요.
A 아니요, 아니에요. 너무 당황스럽네요. 정말이요. 양손에 잔뜩 드셨잖아요.
B 감사합니다.

awful

정도가 너무 지나치다는 느낌의 형용사입니다. 그래서 '심하다'로 이해할 수 있죠. 여기에서 파생되어 '무섭다'라는 의미를 전하기도 하죠. '끔찍하다'로 해석하는 것이 어울릴 때도 있습니다.

핵심표현

 MP3 063

- **It sounds like an awful lot of work.**
  듣자 하니 일이 엄청나게 많을 것 같은 걸 그래.

- **He witnessed something awful, and he might be in shock.**
  그는 뭔가 끔찍한 걸 목격했고, 그래서 충격에 빠진 걸 거야.

- **The handwriting is awful and the pen ran out of ink.**
  필체는 아주 악필인데다 펜에 잉크마저 다 떨어진 상태였어.

영화 속 사용

A I'll take over here.
B Is she always that **awful**?
A Mom? No.
B Oh, I'm sorry. I just didn't have enough cash, and she wouldn't take a credit card.

 <movie, *Chances Are*>

A 여긴 제가 맡을게요.
B 저 분 항상 저렇게 사람을 심하게 대하세요?
A 저희 엄마요? 아니요.
B 어머니셨어요? 죄송해요. 제가 현금이 없는데다 카드도 안 받으려고 하셔서.

064 stupid

사람 자체가, 또는 언행이 정상적인 사고로는 이해가 되지 않는다는 느낌의 형용사입니다. 그래서 '어리석다', '둔하다', '시시하다', '짜증나게 하다' 등의 의미로 확장 이해하게 됩니다.

핵심표현

 MP3 064

- **Don't do anything stupid.**
  어리석은 짓은 절대 하지 마.

- **Are you stupid enough to believe that?**
  바보같이 그걸 믿겠다는 거야?

- **I've been out with some of the stupidest women.**
  그 동안 정말 짜증나는 여성들과 데이트를 했었어.

영화 속 사용

A What makes you so sure I went to prep school?
B You look **stupid** and rich.
A Actually, I'm smart and poor.
B Uh-uh. I'm smart and poor.
A What makes you so smart?
B I wouldn't go for coffee with you.

<movie, *Love Story*>

A (부잣집 자식들이 다니는) 프렙스쿨을 내가 졸업했다고 생각하는 이유는?
B 아둔하고 부자처럼 보여서요.
A 실상은 똑똑하고 가난한데요.
B 아니요. 그건 내 이야기고요.
A 당신이 왜 똑똑하다는 거예요?
B 적어도 당신과는 커피를 마시지 않을 테니까.

cool

물론 '시원하다'라는 기본 의미가 있습니다. 사람의 태도에 적용하여 '침착하다'라는 느낌을 전하기도 하죠. 하지만 흔히 속어로 쓰여서 '대단하다', '멋지다', '훌륭하다' 등 강조의 의미를 전달합니다.

핵심표현

 MP3 065

- **You look pretty cool.**
  너 너무 멋있어 보여.

- **Whatever you do, keep cool.**
  무슨 행동을 하던지 냉정을 잃지 말아야 돼.

- **When she does, play it cool or you could be history.**
  그녀가 움직이면 너는 쿨하게 행동해야 돼. 아니면 넌 완전히 잘려.

영화 속 사용

A Anybody comes, you still wait here.
B Okay. Oh, what if the cops come by?
A Just watch them roll by. Are you getting nervous? Are you having second thoughts?
B No, I just wanna make sure I'm doing it right. Everything's **cool**.

<movie, *The Big Bounce*>

A 누가 오던지 여기서 기다리고 있어.
B 알았어. 경찰이 오면 어쩌지?
A 순찰하는 거 보고만 있어. 긴장 되니? 다시 한 번 생각해봐야겠어?
B 아니야. 그런 거 아니야. 그냥 확실히 해두고 싶어서 그런 거지. 전혀 문제 없어.

tired

우리에게 너무 익숙하듯 물리적으로 '피곤하고 지친 상태'를 말할 때 사용하는 형용사입니다. 그런가 하면 정신적으로 지친 상태를 말할 때도 즐겨 사용되죠. 그래서 '지겹다', '물렸다', '정떨어지다' 등의 의미를 전하기도 합니다.

핵심표현

 MP3 066

- **You look so tired, so pale and so fragile.**
  너 무척 피곤해 보여. 창백해 보이고. 게다가 너무 허약해 보이는 걸.

- **I'm tired from walking a lot.**
  너무 많이 걸었더니 피곤해.

- **I get tired of listening to people talk.**
  사람들 계속 떠드는 거 들어주는 것도 정말 지쳤어.

A How did it go?
B It was good, you know... I'm tired. I gotta go downstairs and meet Kelly for some drinks.
A Maybe I'll go downstairs with you.
B Oh, you want to come?

<movie, *Lost In Translation*>

A 어떻게 됐어?
B 잘됐어. 저기... 좀 피곤하네. 나 지금 아래층 내려가서 켈리를 만나야 돼. 한 잔 하기로 했거든.
A 나도 같이 내려가면 안 될까?
B 오, 진짜 같이 갈래?

exhausted

쓸 만큼 다 써서 완전히 고갈되었다는 느낌의 형용사입니다. 결국 '다 써버리다', '물이 마르다' 등으로 이해할 수 있죠. 이것이 파생되어 '지칠 대로 지쳐있다'라는 뜻을 전하게 됩니다.

 MP3 067

- **I'm exhausted.**
  나 피곤해 죽겠어.

- **I stayed up too late and woke up exhausted.**
  너무 늦게 자고 아침에 일어나니 굉장히 피곤하던데.

- **I'm feeling exhausted from giving advice all the time.**
  계속 충고만 해주다 보니 정말 피곤하네.

A What do you want to eat?
B Curry.
A Sounds good. Hey, we're going for a bite. Care to join us?
C No, thanks. We're **exhausted**.
A No? Our loss. Another time.

<movie, *Laurel Canyon*>

A 뭘 먹을래?
B 카레.
A 좋지. 거기요, 우리 뭘 좀 간단히 먹으러 가는 중인데. 같이 가실래요?
C 아니요, 됐어요. 우린 너무 피곤해서요.
A 싫어요? 아쉽네. 그럼 다음에 가죠.

polite

상대방의 기분을 충분히 헤아리면서 공손하고 예의가 바르다는 느낌의 형용사입니다. 말이나 행동에 모두 적용되죠. 반대의 의미로 흔히 rude를 사용하게 됩니다.

 핵심표현

 MP3 068

- **Be polite.**
  공손하게 행동하고 말하도록 해.

- **She was just being polite.**
  그녀는 그저 네 기분을 생각해서 공손하게 했던 것뿐이야.

- **It's not polite to make your hosts tiptoe around their house, trying not to wake you up.**
  초대한 사람들이 아침에 널 깨우지 않으려고 자기 집을 까치발로 걸어 다니게 하면 그건 예의에 어긋나는 거야.

 영화 속 사용

Ⓐ Is there a store nearby?
Ⓑ Why don't you join us?
Ⓐ Oh, no, I...?
Ⓑ Come on, seriously, you don't have to polite with me. **Polite** isn't my thing.
Ⓐ No. I wasn't being polite.

<movie, *Laurel Canyon*>

Ⓐ 근처에 가게 있어요?
Ⓑ 그냥 우리하고 같이 먹지?
Ⓐ 아니요, 전...?
Ⓑ 이러지 마, 정말, 나한테 공손하게 행동할 필요 없어. 난 그런 거 싫어.
Ⓐ 아니요. 일부러 공손하려고 그렇게 말씀 드린 건 아니에요.

pleasant

동사 please는 '사람을 즐겁게 만들다'라는 의미입니다. 그것의 형용사형이죠. 결국 동사의 의미와 전혀 다르지 않습니다. 남을 즐겁게 하는 일이나 상황, 또는 사람을 가리켜서 pleasant하다고 말합니다. '즐겁다', '유쾌하다', '기분 좋다' 등의 의미를 전합니다.

핵심표현

 MP3 069

- **What a pleasant surprise.**
  깜짝 놀랐어요. 기분 좋던 걸요.

- **We hope you have a pleasant flight.**
  즐겁고 편안한 비행기 여행이 되기를 바랍니다.

- **Have a pleasant and productive lunch.**
  즐겁고 생산적인 점심시간을 갖도록 해.

영화 속 사용

A I told her I had a meeting and I'd be home late.
B You expected to be late?
A No, but if I got home earlier my wife would be surprised, **pleasantly**.
B So you make it a rule to lie to your wife?

<movie, *Disclosure*>

A 그녀에게 회의가 있어서 늦는다고 말했죠.
B 늦을 줄 아셨던 겁니까?
A 아니요. 생각보다 일찍 들어가면 아내가 좋아할 테니까요.
B 그래서 아내에게 습관적으로 거짓말 하시는 겁니까?

86 영화 보고 원서 읽는 기초 영단어 700

empty

무언가를 담는 용기가 비어있다고 말할 때 사용하는 형용사입니다. 인적이 없는 거리를 말할 때도 사용하죠. 마음이 텅 비어서 공허하다거나 아무런 의미가 느껴지지 않을 때도 활용할 수 있는 어휘입니다.

핵심표현

 MP3 070

- **Her life felt empty and meaningless.**
  그녀의 삶은 공허하고 아무런 의미가 없었다.

- **You should never drink on an empty stomach.**
  빈속에 술 마시면 안 돼.

- **I want to see those plates empty in less than a minute.**
  그 접시 1분 안에 비워.

영화 속 사용

Ⓐ I'm gonna get a lawyer and sue her for invasion of privacy, so get your nose out of my diary, Mother.
Ⓑ That's so cool. I wish my parents would leave me alone.
Ⓐ I can't wait for the house to be empty.

<movie, *Anything But Here*>

Ⓐ 변호사를 고용해서 사생활 침해로 고소할 거야. 그러니 남의 일기 훔쳐 보지 마시죠, 엄마.
Ⓑ 굉장하다 얘. 나도 우리 부모님이 날 가만 좀 내버려 두면 좋겠어.
Ⓐ 난 집이 좀 텅 비었으면 좋겠어.

weird

정상적인 것과 비교해 볼 때 뭔가 이상하고 기묘하다는 의미를 전하는 형용사입니다. 그래서 '수상하다거나 불가사의하다, 섬뜩하다' 등의 의미를 전할 때도 있습니다.

  MP3 071

- **It's really weird.** 그거 정말 수상한데.
- **It made me feel kind of weird.**
  그것 때문에 기분이 좀 묘해졌어.
- **I know this is gonna sound a bit weird, but would you like to go to the opera tomorrow?**
  약간 이상하게 들리겠지만 말이야, 내일 같이 오페라 구경 갈래?

영화 속 사용

A I don't want him in this house.
B Mom, you don't make any sense. Why all of a sudden does he have to leave?
A I have my reasons. End of conversation.
B What do you mean, end of conversation? What's he done?
A He's **weird**.

<movie, *Chances Are*>

A 그 사람 이 집에 있는 거 싫다.
B 엄마, 말도 안 돼. 왜 갑자기 그 사람더러 나가라는 거예요?
A 이유가 있어. 그 얘긴 그만하자.
B 그 얘기 그만하자니? 그가 무슨 짓을 했다고 이래?
A 그 사람 정상적이지 않아.

strange

내가 이미 알고 있는 것과 비교해볼 때 뭔가 색다르고 별스럽다는 느낌입니다. 그래서 '이상하다'라고 흔히 해석하죠. 사람이나 장소가 '낯설고', '생소하다'라는 느낌을 전하기도 합니다.

핵심표현

 MP3 072

- **I find that extremely strange.**
  그거 정말 이상한데 그래.

- **There's something strange about his voice.**
  그 사람 목소리가 왠지 낯설고 좀 생소하게 느껴져.

- **Isn't it strange that we've never met before?**
  우리가 그 동안 한 번도 만난 적이 없다는 게 좀 이상하지 않아요?

영화 속 사용

A Thank God. You scared me. What did you do last night?
B See, that's the thing. Something really **strange** is happening. I slept in an apartment I've never seen before and there was a naked man in my shower.
<movie, *Chances Are*>

A 세상에. 사람을 이렇게 놀라게 하고 난리야. 너 어젯밤에 뭘 한 거야?
B 그래. 바로 그거야. 정말 신기한 일이 있었다니까. 내가 어떤 아파트에서 잠을 잔 거야. 한 번도 본 적이 없는 아파트에서 말이야. 게다가 샤워실 안에는 벌거벗은 남자가 있었어.

guilty

죄를 지었다는 의미의 형용사입니다. 그래서 '유죄의'라고 흔히 해석하죠. 실제 유죄인 것뿐 아니라 스스로 '죄책감을 느끼다'라는 의미도 전합니다.

핵심표현

 MP3 073

- **I'm feeling guilty.**
  나 지금 죄책감 느끼고 있거든.

- **He was found guilty of setting the fire.**
  그는 방화범으로서 유죄 판결을 받았다.

- **If found guilty, such a person might be punished.**
  유죄임이 판명되면 그런 사람은 처벌을 받게 될 거야.

영화 속 사용

A Where did you get it?
B From my dad.
A He must really love you.
B He also feels **guilty**. I was adopted. My biological father was black. You can tell by my hair. My mom is my real mom but you know when Darryl married her he adopted me.

<movie, *Poison Ivy*>

A 그거 어디서 났어?
B 아버지가 사줬어.
A 아빠가 널 사랑하시나 보구나.
B 죄책감도 느끼는 거지. 나 입양된 거거든. 내 진짜 아버지는 흑인이야. 내 머리 보면 알잖아. 엄마는 진짜고. 하지만 대릴이 우리 엄마와 결혼하면서 나를 양녀로 삼게 된 거야.

crazy

이미 알고 있는 그대로 '미쳤다'라는 의미의 형용사입니다. 제 정신에서 벗어나 광적인 분위기가 느껴지는 것이죠. 그러다 보니 내가 정말 좋아하는 것에도 이 어휘를 사용할 수 있습니다. '미칠 정도로 좋다'라는 의미가 됩니다. 물건이나 사람에 모두 적용됩니다.

핵심표현

- **It's already driving me crazy.**
  그거 벌써 날 미치게 하는군 그래.

- **I'm not so crazy about that myself.**
  난 그거 그다지 좋진 않은 걸.

- **I probably sound crazy to you, but it's something that I truly do enjoy.**
  내 말이 네게는 좀 제 정신이 아닌 것처럼 들릴지 모르겠지만 그거 내가 정말 좋아하는 거야.

영화 속 사용

Ⓐ I'm dumping her.
Ⓑ You're dumping Lindy? Are you **crazy**? Lindy's gorgeous.
Ⓐ On the surface, but when you get to know her better, there's a whole other story goin' on.

<movie, *Shallow Hal*>

Ⓐ 그녀 차버릴 거야.
Ⓑ 린디를 찬다고? 너 미쳤어? 걔가 얼마나 대단한 앤데 찬다는 거야?
Ⓐ 겉으로 보기엔 그렇지만 그녀에 대해서 좀 더 알게 되면 이야기는 완전히 달라져.

new

새로운 것을 의미합니다. 물건만 새로운 것이 아니라 사람이 새로울 때도 사용하죠. 그럴 때는 '이번에 새로 왔다'라는 느낌을 전합니다. 그리고 '처음 보거나 듣는 생소한 것'에도 적용할 수 있는 형용사입니다.

 MP3 075

- **I'm new here.**
  저 새로 왔습니다.

- **Let me remind you of the new timetable.**
  새로 나온 예정표를 다시 한 번 알려드리겠습니다.

- **Being really on my own will be a new experience for me.**
  정말 나 혼자 살아간다는 건 내겐 새로운 경험인 거야.

영화 속 사용

A I'm here to see the boss.
B Who are you?
A I'm his brother.
B Oh. Go on in. He's expecting you.
A Thanks. You're **new** here, right?
B Uh-huh.

<movie, *Waking The Dead*>

A 사장님 뵈러 왔습니다.
B 누구세요?
A 동생인데요.
B 아. 들어가세요. 기다리고 계세요.
A 고마워요. 새로 오셨군요, 그렇죠?
B 예.

old

자신이 절대 모르는 어휘라고 생각할 수 없는 형용사입니다. 하지만 제대로 사용하지도 못하는 어휘이죠. 사람이나 동물이 늙었다든지 건물이나 제도가 '낡고 오래 되었다'라는 느낌을 전하기도 합니다. 나이를 말할 때도 당연히 사용하는 어휘이죠.

 핵심표현

 MP3 076

- **It was an old beat-up Mercedes.**
  그건 정말 낡고 오래된 벤츠였어.

- **It has much to do with getting older.**
  그건 나이 먹는 것과 굉장히 연관이 많아.

- **He goes out of his way to hire the oldest and homeliest ones he can find.**
  그는 어디서 찾는지 나이 들고 못생긴 사람들만 고용하려고 난리야.

 영화 속 사용

A Have you had much experience in service?
B Oh, don't let that angel face fool you, ma'am. She's **older** than she looks.

<movie, *The Others*>

A 이렇게 남의 집에 들어와서 일해본 경험 많아요?
B 저렇게 얼굴이 천사 같고 곱다고 해서 오해하진 마세요. 보기보다 나이 많은 애랍니다.

young

물론 '젊다'라는 의미의 형용사입니다. 그리고 젊다는 것이 주는 느낌을 파생시켜서 이해해야 될 때도 많죠. '한창이다', '경험이 적다' 등의 느낌도 살아 있습니다.

- **She's not that young.**
  그녀는 그렇게 어리지 않아.

- **He is young, charismatic, intelligent and ambitious.**
  그는 젊고 카리스마 있고 총명한데다가 야망까지 있는 사람이야.

- **I was young, so I didn't quite understand what was happening.**
  그땐 내가 어려서 무슨 일이 벌어지고 있는지 정확히 몰랐어.

- Ⓐ Tell me, pretty one. What brings you to Venice?
- Ⓑ I'm on my honeymoon.
- Ⓐ Your honeymoon?
- Ⓑ Yeah.
- Ⓐ But she's so young to be married.

<movie, *Just Married*>

- Ⓐ 말해봐, 예쁜 아가씨. 베니스에는 웬 일이야?
- Ⓑ 신혼여행 온 거예요.
- Ⓐ 신혼여행?
- Ⓑ 예.
- Ⓐ 이렇게 어린 아가씨가 무슨 결혼을 했다는 거야.

regular

정기적으로, 또는 규칙적으로 일어나는 행위에 대해 사용하는 형용사입니다. 그래서 '생활이 규칙적이다', '정기적이다', '정해진 시간에 움직이다', '일정하다' 등의 느낌을 전하게 됩니다.

핵심표현

 MP3 078

- **Get regular exercise.**
  규칙적으로 운동을 좀 해.

- **He's a regular customer.**
  그는 단골손님이야.

- **I've been seeing someone on a regular basis.**
  난 계속 만나는 사람 있어. 데이트하는 사람 있다고.

영화 속 사용

A Sorry to keep you waiting.
B Mr. President, I...
A Is it all right if I call you Sydney?
B Of course. Mr. President...
A Have you ever been in the Oval Office?
B I've just been on the **regular** tour.

<movie, *American President*>

A 기다리게 해서 미안해요.
B 각하, 저는...
A 시드니라고 불러도 괜찮겠어요?
B 물론이죠. 각하...
A 대통령 집무실에 들어와 본 적 있으신가요?
B 그냥 정기 투어 때 왔었죠.

alone

'혼자' 맞습니다. 그러나 무조건 하나나 한 사람만을 의미하는 것은 아닙니다. '우리들끼리만'이나 '우리 그룹만' 처럼 '~만'의 느낌을 전하기도 하죠. 그리고 '혼자'에는 '외로움'도 포함되어 있습니다. 또한 alone은 명사를 수식하지는 못합니다.

핵심표현   MP3 079

- **You're not alone.**
  너 혼자만 그런 게 아니야.

- **I was looking forward to being alone with you.**
  너하고 단 둘이서만 있기를 내가 얼마나 기다렸는지 몰라.

- **I can't drive that far two days in a row, let alone four.**
  이틀 연속 그렇게 멀리 운전 못하지. 나흘은 말할 필요도 없고.

영화 속 사용

A Do you ever get lonely working out here?
B You never get lonely sitting at your typewriter?
A Sometimes.
B I like being **alone**.
A Do you really like it?

<movie, *Half Light*>

A 여기에 이렇게 떨어져 나와서 일하기 외롭지 않아요?
B 그러는 그쪽은 타자기 앞에만 앉아 있는 게 외롭지 않은가요?
A 가끔은 그렇죠.
B 저는 혼자 있는 걸 좋아해요.
A 진짜 좋은 거예요?

single

'단 하나'를 의미하죠. 결혼을 하지 않은 상태로 혼자 살고 있다는 의미를 전하기도 합니다. '혼자/독신의' 정도로 해석하죠. '각각의', '개개의' 등의 의미로 흔히 사용되기도 합니다. 일반 형용사처럼 수식용법과 서술용법 모두에 사용됩니다.

MP3 080

- **Are you single or married?**
  혼자예요, 아니면 결혼하셨어요?

- **I can't handle being a single parent.**
  나는 남편/아내 없이 혼자 애 키우면서 사는 거 못해.

- **There's not a single person in that firm you can confide in.**
  그 회사에는 네가 솔직하게 마음을 털어놓을 수 있는 사람이 단 한 사람도 없어.

영화 속 사용

A There's still no word on the Dartmouth application?
B Obviously not.
A You haven't heard from a single university yet. Isn't that a bit unusual at this point in the year?

<movie, *She's All That*>

A 다트머스에 원서 낸 것 아직 소식이 없는 거니?
B 전혀 없는데요.
A 단 한 대학에서도 연락이 없단 말이지. 1년 중 이맘때 전혀 소식이 없다는 게 좀 이상하지 않니?

complete

'완전하다'라는 의미의 형용사입니다. 완전하다면 하나도 빠짐이 없는 전체를 의미하는 것이죠. 그리고 완성된 것을 뜻하기도 합니다. 그래서 '전부의', '완전한', '완성된' 등으로 해석합니다. 또한 대단히 숙달된 상태를 말하기도 합니다.

 MP3 081

- **My life is a complete disaster.**
  내 삶은 완전 실패작이야.

- **I have complete confidence in it.**
  난 그것에 대한 확신이 있어.

- **He's always clutching his mobile, which is weird--not so long ago he was a complete technophobe.**
  그는 항상 휴대폰을 쥐고 있어. 그게 이상하거든--얼마 전까지만 해도 그는 완전 기계치였단 말이야.

Ⓐ It's a complete pretext. He's mocking us.
Ⓑ I know. He knows how to manipulate the facts. We can't prove it's a pretext.

<drama, *Ally McBeal*>

Ⓐ 그건 완전 사기야. 사기. 그가 우리를 완전 조롱하는 거지.
Ⓑ 알아. 그는 사실을 조작하는 노하우를 가지고 있어. 그게 조작이고 사기라는 사실을 우리가 증명할 방법이 없어.

ashamed

뭔가 부끄럽고 어떤 면에서는 수치스러운 생각도 든다는 느낌의 형용사입니다. 어근으로 있는 shame이 '부끄러움', '치욕', '유감스러운 일' 등의 의미를 갖는 명사입니다. 거기에서 파생되었기 때문에 ashamed의 의미가 shame과 전혀 다르지 않습니다.

 핵심표현　　　　　　　　　　　　　🎬 MP3 082

- **You have nothing to be ashamed of.**
  네가 창피할 거 하나도 없어.

- **It's nothing to be ashamed of.**
  그건 창피해야 할 일이 아니야.

- **I am no longer ashamed to have people look at my hair.**
  사람들이 내 머리 보는 거 나 더는 창피하지 않아.

 **영화 속 사용**

> Ⓐ Try to understand what it means to me. Will you try?
> Ⓑ Yes.
> Ⓐ Good. I think things are starting to change in the world. For the good. America has rediscovered itself. People aren't ashamed of it like they used to be.
>
> 　　　　　　　　　　　　　　　<movie, *Angels in America*>
>
> Ⓐ 그게 내게 어떤 의미인지 좀 이해해줘. 그렇게 해주겠어?
> Ⓑ 그럴게.
> Ⓐ 좋아. 세상이 변하기 시작한 것 같아. 좋게 말이야. 미국은 스스로를 재발견한 거야. 사람들은 그걸 예전처럼 부끄러워하지도 않고 말이지.

attractive

뭔가에 끌린다는 느낌의 형용사입니다. 사람의 마음을 끄는 것이죠. 그래서 '매력적이다', '흥미가 생기게 한다' 등의 의미를 전달합니다. 어근인 -tract에 '잡아당기다'의 의미가 포함되어 있습니다.

 핵심표현    MP3 083

- **He's very attractive and intelligent.**
  그 사람 정말 매력적이야. 게다가 지적이고 말이지.

- **You're an attractive woman. You have killer legs.**
  넌 매력적인 여성이야. 네 다리 정말 끝내줘.

- **You are one of the best and smartest and most attractive women that I have ever met.**
  당신처럼 똑똑하고 매력적인 여성을 본 적이 없어요.

영화 속 사용

A What does she look like?
B She's **attractive**.
A One to ten.
B Eight. Nine.
A What does the company say?

<movie, *Disclosure*>

A 그녀가 어떻게 생겼는데?
B 매력적이지.
A 1점에서 10점까지로 따진다면?
B 8점. 아니 9점.
A 회사에서는 뭐래?

available

흔히 '유용하다'라고 배우는 형용사입니다. 맞습니다. 하지만 좀 더 활용 가능하게 기억해야 되겠습니다. 물건의 사용이 가능하다거나 당장 활용할 수 있다는 의미이죠. 사람의 경우에는 만나거나 대화할 시간이 있다는 의미로 쓰이게 됩니다.

핵심표현

🎥 MP3 084

- **There's nothing available right now.**
  지금 당장은 쓸 수 있는 게 없어.

- **Do you have a room available?**
  빈 방 하나 있어요?

- **There's no room for more books. We've used up all the available space.**
  책을 더 꽂을 공간이 없어. 사용 가능한 공간은 이미 다 사용하고 있거든.

영화 속 사용

A I'm here about the weekend job.
B Come on in. The school gave me your name. Right this way. You're **available** for the whole weekend?
A Uh, yeah.

<movie, *Scent of Woman*>

A 주말 일 때문에 왔는데요.
B 어서 들어와요. 학교에서 이름 받았어요. 이쪽으로 와요. 주말 내내 시간이 되는 거예요?
A 예, 그렇습니다.

awake

잠에서 깨어 있는 상태, 또는 잠에 들지 않은 상태를 의미하는 형용사입니다. 그렇기 때문에 '정신을 차리고 있다'라는 느낌을 포함합니다. wake만 쓰면 '깨우다'라는 의미의 동사가 됩니다.

핵심표현

 MP3 085

- **Coffee keeps me awake.**
  나는 커피를 마시면 잠을 못 자.

- **Are you awake? I know you're not sleeping.**
  너 깨어 있는 거야? 너 지금 안 자는 거 다 알아.

- **She took pills to stay awake and study.**
  걔 약 먹었어. 잠 안 자고 공부하려고 말이지.

영화 속 사용

Ⓐ I'm Adele August. This is my daughter Ann.
Ⓑ Hi.
Ⓒ Hi.
Ⓐ She's not awake. We just moved here from Wisconsin.
Ⓑ Wisconsin? I don't know anyone from Wisconsin.

<movie, *Anywhere But Here*>

Ⓐ 전 아델 어거스트에요. 얘는 제 딸 앤이고요.
Ⓑ 안녕.
Ⓒ 안녕하세요.
Ⓐ 얘가 잠이 덜 깨서 그래요. 위스콘신에서 방금 이사 왔거든요.
Ⓑ 위스콘신이요? 전 위스콘신 출신은 아는 사람 없는데.

aware

뭔가를 알고 있다는 느낌의 어휘입니다. know와는 좀 느낌이 다르죠. know는 '어떤 사실, 또는 사람을 알고 있다'라는 의미이지만 aware는 '어떤 사실을 인식하고 있다'라는 느낌이 강합니다.

핵심표현

 MP3 086

- **Are you aware of this tape?**
  너 이 테이프가 있다는 사실을 인지하고 있는 거야?

- **No one around here seems to be aware of that.**
  이 주변에서는 그 사실을 인지하고 있는 사람이 아무도 없나 봐.

- **You need to be aware of how much money you owe.**
  네가 얼마나 많은 돈을 빚지고 있는지 제대로 알고 있어야 돼.

영화 속 사용

A: In case we don't talk later, dinner tonight, seven o'clock.
B: Tonight, seven o'clock? You're kidding, right?
A: Kidding, not that I'm **aware** of.
B: My concert. The one I've been preparing for three years. Ring a bell?

<movie, *If Only*>

A: 나중에 얘기 못할지도 모르니까. 오늘 저녁 식사 7시야.
B: 오늘 7시? 농담하는 거지?
A: 농담? 무슨 소리야 지금.
B: 나 콘서트 있잖아. 3년간 준비해온. 기억나?

blind

앞을 제대로 보지 못한다는 의미의 형용사입니다. 실제로 눈이 보이지 않는 경우도 있지만 상대의 얼굴을 전혀 모르는 경우, 또는 상대의 결점을 알아보는 안목이 전혀 없는 경우에도 사용할 수 있는 어휘입니다.

 MP3 087

- **Love is blind.**
  사랑을 하면 상대의 단점이 전혀 보이지 않습니다.

- **My sister set me up on a blind date.**
  우리 언니가 나 소개팅 시켜줬어.

- **Sitting too close to the TV set makes you go blind.**
  TV 앞에 너무 가까이 앉아 있으면 눈이 나빠져서 앞을 제대로 볼 수 없게 돼.

영화 속 사용

A He looked familiar.
B Who?
A A man standing in the park across the street. I've seen him before.
B How can you even tell? You know how **blind** you are without your glasses. Where are your glasses?

<movie, *Minority Report*>

A 어디서 많이 본 듯한 사람인데.
B 누구?
A 길 건너 공원에 서 있는 사람 말이야. 전에 본 적이 있어.
B 당신이 어떻게 알아? 안경 안 쓰면 장님인 사람이. 안경 어디에 뒀어?

bright

어둠의 그늘이 전혀 보이지 않게 '밝다'라는 느낌의 형용사입니다. 이것을 날씨에 적용하면 '화창하다'가 되고, 색깔이면 '선명하다' 정도로 쓰이죠. 사람에게 적용하면 '대단히 총명하고 똑똑하다'라는 느낌을 전하게 됩니다.

- **Look on the bright side.**
  좀 긍정적으로 생각해.

- **It stays pretty bright around here all night long.**
  이 주변은 늘 밤새 아주 밝아요.

- **We have to give these bright young women a decent opportunity.**
  우리는 이 똑똑한 여성들에게 걸맞는 좋은 기회를 줘야 해.

A The old folks say thank you very much for the lovely flowers. They said it was very thoughtful, and totally unnecessary. But, they love that sort of thing.
B Oh, they're lovely people. And your sister's very **bright**.

<movie, *Match Point*>

A 어른들이 자네가 보내 준 꽃이 너무 예쁘다고 고맙다고 하시는군. 정말 마음을 써줘서 고맙긴 한데 전혀 그럴 필요가 없었다고 하셨어. 하지만 두 분 다 그런 걸 아주 좋아하셔.
B 정말 좋은 분들이세요. 그리고 동생 분은 정말 너무 현명하시고요.

careful

아주 익숙한 형용사입니다. 조심성이 있다는 뜻이죠. 그래서 '주의 깊다', '신중하다' 등의 의미를 전하게 됩니다. 또한 '꼼꼼하다'거나 '철저하다'라는 느낌을 전하기도 합니다.

핵심표현

MP3 089

- **You must be careful with this.**
  이거 조심스럽게 다루어야 돼.

- **They're careful about whom they hire.**
  그들은 사람을 고용할 때 신중해.

- **Give me a call sometime, but be careful. Remember, they're listening.**
  나한테 전화 줘. 하지만 조심해야 돼. 잊지 마. 그들이 다 듣고 있으니.

 영화 속 사용

A You should be more **careful**!
B So sorry, Madame.
C Are you all right?
A I'm fine, I'm fine.
C I'm sorry. Do you want to come in and sit down?
A Please don't trouble yourself. I'm fine.

<movie, *chocolate*>

A 조심해야지!
B 죄송합니다, 아주머니.
C 괜찮으세요?
A 괜찮아요, 괜찮아.
C 들어오셔서 좀 앉으실래요?
A 그러실 필요 없어요. 전 괜찮아요.

certain

기본 어휘이면서 선명하게 이해되지 않는 어휘이기도 합니다. 뭔가 확실하다고 생각이 들 때 사용하는 형용사이죠. 그런가 하면 '일정한', '어떤', '어느 정도의' 등의 의미를 전하기도 합니다.

핵심표현

- **I'm not certain about that.**
  그건 확신할 수가 없어.

- **They're pretty certain he'll pull through.**
  그들은 그가 극복해낼 수 있을 거라고 확신하고 있어.

- **Most people are attracted to certain 'types'.**
  대부분의 사람은 자기만의 어떤 '타입'에 끌리게 되어 있어.

영화 속 사용

A I want you on the first plane out tomorrow.
B I don't understand.
A People are talking. About us.
B [laughing]
A I don't see the humor.
B There's a certain irony you have to admit.

<movie, *A Good Woman*>

A 내일 첫 비행기를 타고 가세요.
B 무슨 소리야 그게.
A 사람들이 쑥덕거려요. 우리에 대해서요.
B [웃는다]
A 전혀 웃을 일이 아닌 것 같은데요.
B 좀 아이러니하지 않아? 인정할 건 인정해야지.

correct

사실과 비교하여 전혀 다르지 않고 정확하다는 의미의 형용사입니다. 판단이나 정보에도 적용되어 '틀림없다', '옳다' 등의 느낌을 전하게 되죠.

핵심표현

- **That is correct.**
  정확해. 맞는 말이야.

- **Teenagers need correct information.**
  10대들에게는 정확한 정보를 알려줘야 돼.

- **It is correct to say that I took him at his word.**
  이렇게 말하는 게 정확한 거야. 난 그의 말을 진심으로 믿었다고.

영화 속 사용

A I had my cellular phone with me, so when she called Garvin, I called Mark to give him the upshot on our meeting.
B That's when she approached you.
A That's **correct**. She took the phone from me and she kissed me.

<movie, *Disclosure*>

A 전 휴대폰을 갖고 있었어요. 그래서 그녀가 가빈에게 전화할 때 전 마크에게 전화해서 우리 회의의 결과를 알려줬죠.
B 그때 그녀가 접근했다는 말이죠.
A 맞습니다. 그녀는 제 휴대폰을 잡아채더니 제게 키스를 했습니다.

curious

뭔가에 계속 궁금증을 갖고 캐기를 좋아한다는 의미의 형용사입니다. 그 뜻은 대충 알고 있는 듯 하지만 실제 전혀 사용하지 못하는 어휘 중의 하나이죠. '호기심이 강하다', '뭔가 알고 싶어 하다' 등의 뜻을 갖습니다.

MP3 092

- **You're more than curious.** 너 정말 호기심이 강하구나.
- **You're not even curious why she called?**
  넌 그녀가 왜 전화를 했는지 궁금하지도 않구나?
- **People are always curious about that.**
  사람들은 늘 그것을 궁금해 해.

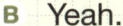

A Hey, Justin. Can I talk to you for a second?
B Yeah.
A I was just **curious**, have you ever been to a Bible study?
B Yeah
A Yeah, well, we got a good one going on every Wednesday.

<movie, *Disclosure*>

A 저스틴. 잠깐 얘기해도 돼요?
B 그래요.
A 그냥 궁금해서 그러는데요, 성경 공부 모임에 가본 적 있어요?
B 있죠.
A 그렇군요. 우리 좋은 모임 있어요. 매주 수요일에 모이죠.

dead

말 그대로 죽었다는 의미의 형용사입니다. 당연히 사람뿐 아니라 생명체 전체에 해당되는 어휘이죠. 죽은 듯이 움직이지 않고 전혀 감각이 없는 경우에도 이 어휘를 사용합니다.

 MP3 093

- **I found her dead.** 그녀 죽었어. 내가 봤어.
- **I want this issue dead and buried by then.**
  이 문제가 그때 까지는 사라져서 묻혀 졌으면 좋겠어.
- **Between staying drunk and chain-smoking, he'll be dead in a few years.**
  늘 취해있고 줄담배를 피우다가 그는 몇 년 지나서 죽을 거야.

(on the phone)
- Ⓐ What's going on there?
- Ⓑ It's just static. Hang on a second. I might lose you, okay?
- Ⓐ No, you can't lose me.
- Ⓑ I know. We're almost there.
- Ⓐ No, stop, you can't lose me or I'm **dead**.

<movie, *Cellular*>

- Ⓐ 왜 이래요?.
- Ⓑ 전파 방해에요. 잠깐만요. 전화 끊어질지도 모르겠어요. 알았죠?
- Ⓐ 안 돼요. 끊어지면 안 돼요.
- Ⓑ 알아요. 거의 다 왔어요.
- Ⓐ 안 돼, 멈춰. 끊어지면 안 돼. 나 죽는단 말이야.

desperate

정신적으로 절망 상태에 빠졌다는 의미의 형용사입니다. 그러다 보니 행동이 막 나가게 되죠. 그리고 아주 무모한 행동을 하게 됩니다. '필사적이다', '절망적이다' 등으로 해석합니다.

핵심표현

- **That sounds desperate.** 그거 절망적으로 들리는 걸.
- **They remind me of how desperate I used to be.**
  그걸 보면 과거에 내가 얼마나 절망적이었는지 생각나.
- **I'm desperate to lose weight, as you probably guessed from looking at me.**
  나 정말 살 빼야 돼. 필사적이야. 날 보면 짐작이 가잖아.

영화 속 사용

A: So, you must have been feeling pretty **desperate** that afternoon.
B: What's your point?
A: Broke, three kids, no job. A doctor in a Jaguar must have looked like a good meal ticket.
C: Objection
D: Sustained.

<movie, *Erin Brockovich*>

A: 그러니, 그날 오후에 당신은 대단히 절망적이었겠군요.
B: 무슨 말씀이세요?
A: 돈 한 푼 없고, 애들은 셋이나 되고, 일은 없고 말이죠. 재규어를 탄 의사가 완전히 봉으로 보였겠죠.
C: 이의 있습니다.
D: 인정합니다.

different

상태나 동작, 느낌, 겉모습, 또는 내용에 이르기까지 두 개 이상의 것들이 서로 다르다는 의미를 전달하는 기본 형용사입니다. 때로는 '색다르고 독특하다'라는 느낌을 전하기도 합니다.

 MP3 095

- **We're just too different.**
  우린 너무 달라.

- **Let me put it a different way.**
  그걸 좀 다른 방법으로 설명해 보겠습니다.

- **What's different between you and me is you're going to hell when you die!**
  너하고 내가 다른 점은 넌 죽어서 지옥에 갈 거라는 거야!

A I was kind of hoping you'd stay over.
B Look, Sean...I don't think this is gonna work. We want **different** things. You obviously want to get married and I don't know what I want.
A You could smell my desperation, right?

<drama, *Sex and the City*>

A 난 당신이 자고 갔으면 했는데.
B 이봐요, 션. 이건 안 된다고 봐요. 우린 서로 다른 걸 원하고 있는 거예요. 당신은 분명 결혼을 원하고 있고 난 내가 뭘 원하는 지도 모른단 말이에요.
A 지금 내가 완전 좌절하고 있다는 거 알죠, 그렇죠?

fair

어떤 면에서든 공정하고 공평하다는 의미의 형용사입니다. 가격이나 임금에 적용되면 '적정하다'라는 느낌을 전하기도 하죠. 감정이나 편견, 또는 욕망에 치우치지 않는다는 느낌을 살려서 해석하면 좋습니다.

 핵심표현    MP3.096

- **Sounds fair to me.**
  듣자 하니 공정한데 뭘.

- **You're not being fair to him.**
  너 지금 그에게 하는 처사가 공정하지 않잖아.

- **I know it isn't fair, and I can't make you do it.**
  그게 공평하지 않다는 사실을 내가 알아. 그래서 너더러 그렇게 하라고 할 수가 없는 걸.

영화 속 사용

A You can't marry a teacher. It's against the law.
B It is not.
A Yes, it is. 'Cause then he'll give you all A's, and it won't be **fair**.
B Not true.

<movie, *My Girl*>

A 선생님과 결혼할 수는 없어. 그건 불법이야.
B 불법은 무슨 불법.
A 정말이야. 그러면 선생님이 너한테 올 A를 줄 거고, 그건 공평하지 않을 거란 말이야.
B 그렇지 않아.

familiar

여러번의 경험을 통해 익숙하다는 느낌의 형용사입니다. 그러기에 '낯이 익다', '귀에 익다' 등의 의미로 해석할 수 있죠. 뭔가에 정통해 있을 때도 사용할 수 있는 어휘입니다.

MP3 097

- **You look so familiar.**
  당신 낯이 굉장히 익어요.

- **Are you familiar with a stick shift?**
  스틱 운전에 익숙한 거야?

- **She noticed a familiar face displayed in a news photo on the computer screen.**
  그녀는 낯익은 얼굴이 컴퓨터 스크린 상의 뉴스 사진에 올라 있는 것을 목격했다.

- A Have we met before? You look so **familiar**.
- B I don't think so.
- A Yes. Yes, you were in the lift just now. You dropped your earring, I picked it up.
- B Oh, yes. You did. Thank you.

<movie, *Sliding Doors*>

- A 우리 구면 아닌가요? 당신 낯이 익어요.
- B 글쎄요. 아닌 거 같은데요.
- A 맞아요. 방금 전에 엘리베이터 타셨잖아요. 귀걸이 떨어뜨려서 제가 주워 드렸죠.
- B 아, 그래요. 그러네요. 고마워요.

fresh

현재의 것과 비교하여 새롭고 신선하다는 의미의 형용사입니다. 그렇기 때문에 '갓 만들었다'던지 '갓 졸업하다'라는 의미까지 포함하게 되죠. 또한 '맑고 상쾌하다'라는 느낌도 있습니다.

- **I could use some fresh pepper.**
  내겐 신선한 고추가 필요해.

- **I think I'll get a bit of fresh air.**
  맑은 공기를 좀 마셔야겠어.

- **I wanted to provide not only the answer, but an unexpected fresh perspective.**
  난 답을 주는 건 물론이고 전혀 예상하지 못했던 신선하고 멋진 전망까지 전해주고 싶었던 거지.

A It's a lovely day outside. Let's take a walk.
B I don't think so.
A Some fresh air would do you good.
C Hello.
A I'm sorry, it's not a good day. I don't think she's up for anything.

<movie, *The Notebook*>

A 밖에 날씨가 너무 좋아요. 우리 나가서 산책을 좀 해요.
B 됐어.
A 상쾌한 공기를 마시면 몸에 좋아요.
C 안녕하세요.
A 죄송해요. 오늘은 안 되겠어요. 할머니 컨디션이 안 좋으신가 봐요.

generous

시간과 돈을 남을 위해 아낌없이 사용한다는 느낌의 형용사입니다. 그래서 '관대하다', '아량 있다', '후하다' 등의 의미를 전하게 되죠. 때로는 너무 헤프다는 부정적인 느낌을 담기도 합니다.

- **He's a very generous man.**
  그는 정말 관대한 사람이야.

- **I think that's very generous.**
  그건 정말 대단히 관대한 행위야.

- **I don't understand how a guy who's as nice and generous as you could have such a huge flaw.**
  이해가 안 돼. 당신처럼 멋지고 아량 있는 사람이 그렇게 엄청난 결점을 갖고 있는지 말이야.

- Ⓐ This is unbelievable. Sara, really, this is way too **generous** of you.
- Ⓑ Oh, come on. Can't a girl do something nice for her friend on her birthday?
- Ⓐ There's no ulterior motives?

<movie, *Serendipity*>

- Ⓐ 정말 믿어지지 않아. 새라, 정말이야. 이건 너무 후한 거야.
- Ⓑ 왜 이래. 여자는 친구를 위해서 친구 생일에 멋진 행동을 좀 하면 안 되는 거니?
- Ⓐ 너 다른 꿍꿍이가 있는 거 아니야 정말?

genuine

가짜와 반대되는 형용사입니다. 결국 '진짜'라는 거죠. 진품입니다. 그리고 정말 성실하고 진실되다는 느낌을 포함하고 있습니다. 부사로 쓰일 때에는 genuinely의 형태를 취합니다.

핵심표현

MP3 100

- **We had a genuine misunderstanding.**
  우리가 제대로 오해했어.

- **You'll encounter a genuine basket case.**
  넌 정말 무능력하고 한심한 사람과 마주치게 될 거야.

- **You need to go somewhere where you can get a genuine rest.**
  너 진짜 제대로 쉴 수 있는 곳에 가서 좀 쉬어야겠다.

영화 속 사용

A There's not many people that'll understand what you're going through. He seems to **genuinely** wanna help you and that's a rare thing for people like us. So what do you say? Come on. I'll take care of you.

B You promise?

<movie, *My Girl*>

A 네가 지금 겪고 있는 일을 이해할 사람은 별로 많지 않아. 그는 진짜 너를 돕고 싶어 하는 거 같아. 그건 우리 같은 사람에게는 정말 드문 일이거든. 어떻게 할래? 망설이지 말고. 내가 신경 써 줄게.

B 약속해?

honest

잘 아는 것처럼 '정직하다'라는 의미의 형용사입니다. 그렇기 때문에 '성실하다', '공정하다' 등의 느낌을 전하기도 하죠. 물론 언행이 '거짓 없고 솔직하다'고 말할 때도 사용됩니다.

 핵심표현  MP3 101

- **I'm being very honest with you.**
  나 지금 아주 정직하게 말하고 있는 거야.

- **Only a true friend would be that cruelly honest.**
  진정한 친구만이 그렇게 잔인할 정도로 솔직하게 말해줄 수 있는 거야.

- **If I was being 100 percent honest, I'd say that I'm not crazy about marriage.**
  만일 100% 솔직히 말한다면 난 결혼에 그다지 관심이 없어.

영화 속 사용

A It's not a big deal. It was coming. I've been seeing Carol over a year now. It's no secret. I figured the kids, so that we stuck it out. This is better. It's **honest**, at least.

B I'm sorry.

<movie, *Falling In Love*>

A 별 일 아니야. 이렇게 되게끔 되어 있었던 거야. 캐롤을 만난 지 1년이 넘었어. 숨길 일 아니잖아. 애들을 생각해서 밖으로 드러낸 거니까. 이게 훨씬 좋아. 적어도 정직한 거잖아.

B 어쨌든 안타깝다.

horrible

무섭고 끔찍하거나 소름 끼치게 하는 일, 사람, 장면 등을 가리켜서 이 어휘를 사용합니다. 또한 '소름 끼치도록 싫다', '지겹다' 등의 느낌을 전하기도 하죠.

핵심표현

MP3 102

- **Isn't this weather horrible?**
  이런 날씨 정말 너무 지겹지 않니?

- **I just feel horrible he involved you in this.**
  정말 싫어. 너를 왜 이런 일에 연루시키냔 말이야.

- **I had a horrible feeling I wouldn't see him again.**
  정말 끔찍했어. 그를 다시는 볼 수 없다는 게 말이 되냐고.

영화 속 사용

A Is there a problem?
B No, no, he's just new here. He'll get the hang of it.
A No, no, no, no. I meant with my blood test. Did it get lost or something? Because I really was getting myself all worked up. I was thinking all kinds of **horrible** thoughts.

<movie, *Marvin's Room*>

A 문제가 생겼어요?
B 아니, 아니에요. 그 사람 새로 온지 얼마 안 돼서 그래요. 요령을 익히게 될 겁니다.
A 아니, 그게 아니라, 제 피검사 말이에요. 검사한 자료가 사라진 거예요, 뭐에요? 제가 정말 긴장되고 흥분해서 그래요. 끔찍한 생각이란 생각은 온통 다하고 있었으니까요.

hungry

당연히 '배고프다'입니다. 하지만 그것만으로는 부족하죠. hungry가 활용된 문장과 그 앞 뒤 문장들과의 자연스러운 연결을 연습해야 합니다.

핵심표현 MP3 103

- **How hungry are you?** 배가 얼마나 고픈 거야?
- **I'm hungry. I can't last any longer.**
  나 배고파. 더 이상 못 견디겠어.
- **I'm leaving some food by the door in case you get hungry.**
  음식을 문 옆에 둘게. 네가 배고플 경우를 대비해서 말이야.

영화 속 사용

> Ⓐ Landon? Fine performance, son.
> Ⓑ What are you doing here?
> Ⓐ Your mother told me about it. I thought we might get a bite after the show.
> Ⓑ I'm not **hungry**.
> Ⓐ Landon, don't walk away.
> Ⓑ You taught me how.
>
> <movie, *A Walk To Remember*>
>
> Ⓐ 랜든? 연기 아주 잘했다. 아들아.
> Ⓑ 여긴 웬 일이세요?
> Ⓐ 쇼가 끝난 후에 같이 뭘 좀 먹을까 해서.
> Ⓑ 배 안 고파요.
> Ⓐ 랜든, 가지 마.
> Ⓑ 이게 다 아버지한테 배운 거예요.

important

일이나 사건, 문제 등이 중요하다고 말할 때 사용합니다. 사회적으로 저명하거나 유명한 사람을 가리켜서도 사용하죠. 그래서 '영향력이 있다'라는 의미를 전할 수도 있습니다.

핵심표현

- **Why is it so important to you?**
  그게 너한테 왜 그렇게 중요한데?

- **In our family, religion is more important than anything.**
  우리 식구들은 종교가 그 무엇보다 중요해.

- **There are some important things I want to discuss with you.**
  너하고 의논하고 싶은 중요한 일들이 있어.

영화 속 사용

A She wants to know if she's going to marry Alex.
B He doesn't even have a brain.
A But he's got pretty eyes. That means your kids would have pretty eyes. He can get a brain later.
C The most important thing is true love.

<movie, *Only You*>

A 걘 자기가 알렉스와 결혼하게 될지 알고 싶은 거야.
B 알렉스는 머리가 안 좋잖아.
A 하지만 눈이 예쁘잖아. 그러면 아이들도 눈이 예쁠 거야. 머리야 뭐 나중에 좋아지면 되지.
C 가장 중요한 건 진정한 사랑이야.

impossible

일이 '불가능하고 무리하다'라는 의미의 어휘입니다. 그렇기 때문에 '믿기 어렵다', '있을 수 없다' 등으로 해석할 수 있죠. 이것이 사람이나 상황에 적용되어 '정말 싫다', '견딜 수 없다'라는 느낌을 전하기도 합니다.

핵심표현

 MP3 105

- **I find it impossible to say no.** 거절하기가 정말 너무 힘들어.
- **Keeping this enormous secret was impossible.**
  이 엄청난 비밀을 간직한다는 건 불가능한 일이야.
- **Had it not been for that, college would've been impossible.**
  그게 아니었으면 대학은 불가능했을 거예요.

영화 속 사용

A Can I take your picture? I need one with a student in it.
B Sure.
A Great.
B Where do you want me? Over here?
A Yeah, that's great.
B Don't make me look ugly.
A That's **impossible**.

<movie, *Falling In Love*>

A 사진 좀 찍어도 돼요? 아무라도 학생이 찍힌 사진이 필요해서요.
B 그러세요.
A 감사해요.
B 어디에 설까요? 여기요?
A 아주 좋습니다.
B 추하게 나오면 안돼요.
A 그럴 리가 없습니다.

incredible

'믿을 수 없다'라는 의미의 형용사입니다. 결국 '의심스럽다'라는 느낌을 전하게 되죠. 하지만 '믿을 수 없을 정도로 놀랍다', '정말 대단하다' 등의 의미로 흔히 사용됩니다.

핵심표현

MP3 106

- **You did an incredible job.** 너 정말 너무 잘했어.
- **I'd love her even if she didn't have an incredible body.**
  그녀가 멋진 몸매를 갖고 있지 않다 해도 그녀를 사랑했을 거야.
- **He's going through an incredible amount of physical and emotional pain.**
  그는 지금 육체적인 고통과 심적 고통을 엄청나게 겪고 있어.

영화 속 사용

Ⓐ Why are you talking to me?
Ⓑ Why not? We are neighbors, right?
Ⓐ But you usually ignore me.
Ⓑ I like your shoes.
Ⓐ Thanks. I like your dress.
Ⓑ It's because I've got these **incredible** boobs to fill it out.

<movie, *13 Going On 30*>

Ⓐ 왜 나한테 말을 걸어요?
Ⓑ 왜 안 돼? 우린 이웃이잖아.
Ⓐ 하지만 평소에 절 무시하잖아요.
Ⓑ 너 신발 참 마음에 든다.
Ⓐ 고마워요. 언니 드레스 예뻐요.
Ⓑ 언니가 지금 끝내주는 가슴을 가졌잖니. 그래서 그런 거야.

107 jealous

사람이나 무엇인가를 심하게 질투한다는 의미의 형용사입니다. 그 질투의 정도가 심해서 부정적인 느낌을 전하게 되죠. 그래서 '투기하다'로 해석할 때도 있습니다.

핵심표현

MP3 107

- **You know I'm a little jealous of you, don't you?**
  내가 널 질투하고 있다는 건 알고 있는 거지?

- **My wife is sometimes jealous about my past relationship.**
  제 아내는 가끔 제 옛날 관계들을 질투할 때가 있어요.

- **When she finds out I met you, she's going to be jealous.**
  내가 널 만난 걸 그녀가 알면 질투할 거야.

영화 속 사용

A: I'll tell you what I do know. You got a little stoned tonight. You've been trying to pick a fight with me and now you're trying to make me **jealous**.
B: But you're not the **jealous** type, are you?
A: No, I'm not.

<movie, *Eyes Wide Shut*>

A: 내가 아는 대로 말해볼게. 당신 오늘 밤 좀 취했어. 계속 나한테 싸움을 거는 중이고, 게다가 지금 나한테 질투심을 유발시키려고 하잖아.
B: 하지만 당신은 질투하는 타입이 아니잖아.
A: 그렇지.

low

소리, 위치, 가치 등이 낮다는 의미의 형용사입니다. 그런가 하면 '기운이 없다', '침울하다' 등의 느낌을 전하기도 하죠. 행동이나 사고가 점잖지 못할 때도 활용될 수 있습니다.

핵심표현

 MP3 108

- **The root of the problem lies in low self-esteem.**
  문제의 핵심은 자긍심이 낮다는 데에 있어.

- **Blood pressure drugs can cause low blood pressure.**
  혈압약은 저혈압을 유발할 수도 있어.

- **We keep a low profile and we do things differently.**
  우리는 나서지 않아. 그리고 일 처리를 남다르게 하지.

영화 속 사용

Ⓐ Alex is working hard on her dissertation, and I'd appreciate it if you could keep it low key while we're staying here. You know... just keep the door shut. I want her to feel comfortable here.
Ⓑ Yeah, so do I.

<movie, *Laurel Canyon*>

Ⓐ 알렉스는 지금 논문을 열심히 작업하고 있어. 그래서 우리가 여기 머무는 동안 너희들이 좀 조용해 줬으면 좋겠어. 그러니까... 문을 항상 닫고 작업을 하란 말이지. 난 그녀가 여기에 편히 있을 수 있으면 좋겠어.
Ⓑ 나도 마찬가지야.

lucky

제대로 활용할 수 있도록 연습이 되어야 할 형용사입니다. '행운이 있다'라는 느낌 그대로입니다. 운수가 좋다고 이해할 수도 있고 '운이 좋아서 어떤 일이 일어났다'의 느낌을 전하기도 합니다.

핵심표현 MP3 109

- **We've been lucky so far.**
  우린 지금까지 정말 운이 좋았어.

- **I'm very lucky to have a neighbor like you.**
  너 같은 이웃이 있으니 난 정말 행운아야.

- **I always knew I was lucky to have a mom who cared so much.**
  늘 느꼈던 거지만 날 무척 사랑해 주셨던 어머니가 계셨다는 게 난 정말 운이 좋았던 거야.

영화 속 사용

A How are Cathy and Larry, Jr.? I bet he's big now.
B He's growing fast.
A Is he looking more like you now, or did he get **lucky**?
B He's got Cathy's looks and my strong back. You should feel his grip.

<movie, *Angel Eyes*>

A 캐시와 래리는 잘 지내니? 래리 많이 컸겠다.
B 쑥쑥 자라지.
A 너 닮았니, 아니면 다행히 집 사람을 닮았니?
B 집 사람의 외모를 닮았지만 나처럼 힘은 좋지. 손으로 쥐는 힘이 얼마나 센지 한 번 잡아 보면 알아.

major

둘 중 큰 쪽을 major라고 합니다. '주요하다', '두드러지다', '중요하다' 등의 의미는 물론 '대단하다', '굉장하다' 등의 의미도 전합니다.

핵심표현　　　　　　　　　　　　　　　MP3 110

- **That is a major oversight.**
  그건 정말 너무 엄청난 실수야.

- **At age 12, she had a major crush on him.**
  열두 살에 그녀는 그를 대단히 짝사랑했습니다.

- **Wireless is a major part of our company's future interest.**
  무선 사업은 우리 회사가 미래에 관심을 두고 있는 주요 부분입니다.

영화 속 사용

A I'm aware of that. Look, I want to say something. I think Julie is likable in this picture and real. What, excuse me, you've never made a mistake in your life? You have no flaws? You've never slept with the wrong guy?
B I'm not the protagonist in a **major** motion picture.

<movie, *Kate & Leopold*>

A 그 사실은 잘 인지하고 있습니다. 저기요, 한 말씀 드리죠. 줄리는 이 사진에서 봐도 그렇고 실제로 봐도 정말 호감이 가는 얼굴입니다. 그게요, 죄송합니다. 당신은 살면서 한 번도 실수한 적이 없습니까? 결함이 없으세요? 다른 남자와 자본 적도 없냐고요.
B 저는 인기 영화에 출연하는 영화배우가 아닙니다.

married

기본적으로 '결혼한 상태에 있다'라는 의미를 전하는 형용사입니다. '결혼 생활'은 married life, '신혼 생활'은 newly married life라고 말하죠.

핵심표현

 MP3 111

- We've been **married** five years. 우린 결혼한 지 5년 됐어.
- I'll never get **married** and just devote my life to medicine.
  난 절대 결혼 안 하고 의술에 내 인생을 바칠 거야.
- You're the first to hear the great news--we are getting **married**.
  너한테 이 기쁜 소식을 처음 말하는 거야--우리 결혼 해.

영화 속 사용

A At what age did you first have premarital intercourse?
B I didn't.
A So, at the time of marriage you were a virgin?
B Yes.
A When you got married, did you want to get **married**?
B Very much.

<movie, *Kinsey*>

A 몇 살에 처음 혼전 관계를 가졌습니까?
B 그런 거 없었는데요.
A 그러니까 결혼할 때 처녀였다는 겁니까?
B 예.
A 결혼했을 때 결혼을 하고 싶어서 하셨던 겁니까.
B 예. 무척 하고 싶어서 했습니다.

nasty

더럽고 불쾌하다는 느낌의 형용사입니다. 그래서 '음란하다', '비열하다', '난처하다' 등의 의미도 포함하고 '날씨가 험악하다'라는 느낌도 전하게 되죠.

 MP3 112

- **The weather got nasty.**
  날씨가 너무 안 좋다.

- **I can't be nasty to people, even when they deserve it.**
  난 사람들에게 막 할 수가 없어. 그런 대우를 받을 만한 사람들에게도.

- **I don't know where you're getting this nasty little attitude from.**
  어디서 이런 못된 태도를 배웠는지 모르겠구나 너.

A Could you please take this folder into the conference room for me? John's expecting it.
B I'm sorry, but that's against hotel policy.
A But he could lose his job.
B That's tragic. But not my problem.
A God, even when you guys are **nasty** it sounds polite.

<movie, If Only>

A 이 폴더를 회의실 안으로 좀 가져다 주시겠어요? 존이 기다리고 있는데.
B 죄송하지만, 호텔 규칙에 어긋나는 일이라서요.
A 그가 쫓겨날 수도 있는 상황인데.
B 저런. 하지만 내 문제는 아니니까요.
A 세상에. 당신네들은 재수 없이 굴 때도 듣기에는 예의 있는 것처럼 들리는군요.

natural

가공하지 않은 자연 그대로의 모습을 나타내는 형용사입니다. 그래서 '타고났다'라는 느낌을 전하기도 하고 '당연하다', '지당하다' 등의 의미를 전할 수도 있습니다.

- **There is no such thing as natural beauty.**
  자연미라는 건 없는 거야.

- **It is only natural getting to know people should take some time.**
  사람을 안다는 건 많은 시간을 필요로 하지. 그건 당연한 거야.

- **Breastfeeding is natural and good for both you and your baby.**
  모유 수유는 자연스러운 거고 산모나 아이 모두의 건강에 좋아.

A We're going to Jamaica.
B I don't really think I can take the time.
A What are you talkin' about? You ain't been nowhere and done nothin' since I was a **natural** blonde. It's only a week.

<movie, *How Stella Got Her Groove Back*>

A 우리 자메이카에 같이 가는 거야.
B 난 시간이 안 될 것 같아.
A 지금 무슨 소리 하는 거야? 난 살면서 네가 어디 가는 꼴을 못 봤어. 새로운 걸 하는 꼴도 본 적이 없고. 겨우 1주일이야. 꼭 같이 가야 돼.

necessary

'없어서는 안 되는, 반드시 필요하다'라는 의미의 형용사입니다. 그렇기 때문에 '필연적이다', '피할 수 없다' 등의 의미로 이해될 수도 있죠.

핵심표현

 MP3 114

- **It's not necessary.** 그게 꼭 필요한 건 아니야.
- **You should make the necessary lifestyle changes to protect yourself.**
  당신은 필연적으로 생활양식의 변화를 주어서 자신을 보호해야 합니다.
- **It is important and necessary to teach teens about contraceptives.**
  10대들에게 피임 교육을 시키는 것은 아주 중요하고 꼭 필요한 일입니다.

영화 속 사용

- **A** I have to leave. I've got a flight to Madrid, but...
- **B** Oh, you have to leave?
- **A** Yes.
- **B** Oh, okay.
- **A** I could hang out for a few minutes.
- **B** Oh, actually, that won't be **necessary**.

<movie, *Wedding Crashers*>

- **A** 저 가봐야 돼요. 제 비행기는 마드리드까지 가요.
- **B** 꼭 가야 돼요?
- **A** 가야죠.
- **B** 알았어요.
- **A** 잠깐 더 있다 가도 괜찮아요.
- **B** 그러실 필요 없어요. 그냥 가세요.

nervous

기본적으로 '신경과민 상태'를 의미하는 형용사입니다. 그래서 '긴장하다', '안절부절못하다' 등의 의미를 전하고 말 그대로 '신경성의', '신경에 작용하는' 등의 뜻을 갖게 되며 '불안하다'라는 느낌까지 전합니다.

핵심표현

🎬 MP3 115

- **It makes me nervous.**
  그것 때문에 긴장 돼 죽겠어.

- **She's one step away from a nervous breakdown.**
  그녀는 거의 신경 쇠약 증세를 보이고 있어.

- **You sound like you're a little nervous about your date.**
  말하는 걸 들으니 너 데이트 때문에 좀 긴장하고 있구나.

영화 속 사용

A Yeah, I was a little **nervous** when I heard she wanted to read a preview copy. But she read it and loved it.
B When's the release day?
A We go into print next month.
B I'm so happy for you. That is so great.

<movie, *The Best Man*>

A 좀 긴장되긴 했지. 그녀가 시중 발매 전에 책을 미리 읽어보고 싶어한다는 소리를 듣고 난 좀 놀랐어. 하지만 읽어보곤 무척 마음에 들어 했지.
B 출간일이 언제야?
A 다음 달에 인쇄 들어가.
B 정말 잘됐다, 잘됐어, 정말.

next

시간이나 순서로 볼 때 '바로 다음'을 뜻하는 형용사입니다. 장소나 위치가 '바로 옆에 있다'라는 의미로 사용될 수도 있습니다.

핵심표현

🎬 MP3 116

- **Who's next?**
  다음은 누구세요?

- **The next thing I remember was entering the bedroom.**
  지금 기억나는 그 다음에 벌어졌던 일은 내가 그 침실로 들어간 거였어.

- **I've got so much studying to do I'm thinking of giving up eating and sleeping for the next three months.**
  지금 공부할 게 너무 많아서 앞으로 석 달 동안은 먹는 것과 자는 걸 포기할 생각이야.

영화 속 사용

A Hey, baby?
B Hey.
A Walk you to your next class?
B Yeah. I just gotta stop by my locker first.
A All right.
B How are you?
A Good, how was your class?

<movie, *Step Up*>

A 자기, 안녕.
B 안녕.
A 다음 수업에 같이 걸어가 줄까?
B 그래. 먼저 라커에 들러야 돼.
A 알았어.
B 잘 지내?
A 잘 지내지. 수업 어땠어?

obvious

앞뒤 정황으로 볼 때 '아주 명백하다'라는 의미의 형용사입니다. 감정이 너무 거침없이 보이거나 농담이 너무 노골적일 때도 사용할 수 있습니다.

핵심표현

 MP3 117

- **I think it's obvious.**
  그건 명백한 것 같습니다.

- **It's obvious that he has a chip on his shoulder about Americans.**
  분명 그는 미국인들에 대해서 대단한 적개심을 갖고 있어.

- **The most obvious fallout from your habit is staying up too late and waking up exhausted.**
  네 버릇 때문에 생기는 가장 명백한 악영향이 뭔지 알아? 너무 늦게 잔다는 것, 그리고 아침에 눈을 떠도 아주 피곤하다는 거야.

영화 속 사용

- **A** How are you doin'?
- **B** I'm doing fine, thank you.
- **A** So you're here for the convention?
- **B** I didn't think I was that **obvious**.

<movie, *Leaving Las Vegas*>

- **A** 안녕하세요.
- **B** 아, 예. 감사합니다.
- **A** 회의 때문에 오신 거예요?
- **B** 아니 그게 그렇게 분명하게 얼굴에 써있습니까?

patient

소리, 위치, 가치 등이 낮다는 의미의 형용사입니다. 그런가 하면 '기운이 없다', '침울하다' 등의 느낌을 전하기도 하죠. 행동이나 사고가 점잖지 못할 때도 활용될 수 있습니다.

핵심표현

🎬 MP3 118

- **I imagine you to be kind and patient.**
  난 네가 친절하고 인내심을 가지길 바라.

- **I've been patient, but it's getting worse.**
  그 동안은 잘 참고 있었지만 상황이 점점 안 좋아지고 있어.

- **I think Chris would be the perfect instructor for you, and he's very patient.**
  크리스가 너에게는 완벽한 선생일 거야. 그리고 크리스는 참을성이 대단하거든.

영화 속 사용

A How'd it go?
B Not good, Reverend. In one ear, out the other.
A Be patient. All it takes is one sheep in a thousand, Jack. Come on.

<movie, *21 Grams*>

A 어떻게 됐어?
B 별로입니다, 목사님. 다들 한 쪽 귀로 듣고, 한 쪽 귀로 흘리는 상황입니다.
A 인내심을 갖고 참아봐. 필요한 건 수천 명 중에 양 같은 사람, 한 사람인 거야. 자, 조급해 하지 말라고.

personal

지극히 개인적이고 사적인 일을 말할 때 사용하는 형용사입니다. 질문이 너무 사적으로 접근해 들어갈 때도 흔히 사용되죠. 문장에서의 활용이 대단히 중요한 어휘입니다.

핵심표현 MP3 119

- **You're getting personal.**
  지금 너무 사적인 질문을 하고 계십니다.

- **I don't care about your personal life.**
  난 네 사생활엔 관심 없어.

- **She asked if she could leave early, to deal with some personal matters.**
  그녀는 일찍 퇴근해도 되냐고 물었다. 해결해야 할 개인적인 용무가 있다는 이유였다.

영화 속 사용

A May I ask you a very **personal** question?
B Oh, sure. By all means.
A Do you really think I'm going to sleep with a man I'm investigating?
B Is that the question?

<movie, *The Thomas Crown Affair*>

A 사적인 질문을 해도 되겠습니까?
B 그럼요. 마음껏 하세요.
A 정말 제가 조사 중인 사람과 같이 잘 거라고 생각하세요?
B 그게 질문입니까?

physical

정신적이고 감정적인 것과는 상대적으로 '육체적인 것'을 말합니다. 우리 '몸'에 관계된 것이죠. 또한 '성적인 느낌'도 포함합니다. 그리고 '몸을 만지기 좋아하다'라는 의미도 빼놓을 수 없습니다.

핵심표현

MP3 120

- **She's a very physical person.**
  그녀는 대화할 때 다른 사람의 몸을 잘 건드려.

- **My attraction to him was totally physical.**
  그에 대한 나의 관심은 정신적인 게 아니라 완전 성적인 거였어.

- **It may help you deal with the physical and long-term emotional effects of rape.**
  그렇게 하면 네가 강간 사건 이후의 육체적인 고통과 오랜 정신적 고통에서 벗어나는데 도움이 될 거야.

영화 속 사용

A What's going on?
B Gwen isn't feeling well, so she's not going to be able to make it to dinner.
A She isn't sick.
B Not **physically**.

<movie, *America's Sweethearts*>

A 어떻게 된 거야?
B 그웬이 상태가 별로 좋지 않아요. 그래서 저녁 약속을 지키지 못할 거예요.
A 아픈 건 아니지?
B 몸이 아픈 건 아니고요.

popular

'민중', '대중'을 의미하는 people에서 파생된 형용사입니다. 그래서 '대중적이다', '대중들에게, 또는 많은 사람들에게 인기가 있다' 등의 의미를 갖게 됩니다.

 MP3 121

- **Brad was popular at school.**
  브래드는 학교에서 인기가 좋다.

- **Coffee is the most popular drink in the world.**
  커피는 세계에서 가장 대중적인 음료이다.

- **My boss is popular with the staff, and is pretty great in most ways.**
  우리 사장님은 직원들에게 인기가 많고 거의 모든 면에서 아주 대단하십니다.

 영화 속 사용

A I don't think I'd be much help. I don't really know anything about popular music.
B Sure you do. Anyone with instinct knows about popular music. That's why it's **popular**. You strike me as someone with strong instincts.

<movie, *Laurel Canyon*>

A 내가 무슨 큰 도움이 되겠어. 난 대중음악에 대해서 아무 것도 몰라.
B 도움이 왜 안 돼. 직관이 있는 사람은 누구나 대중음악을 아는 거야. 그래서 그게 대중적이라는 거지. 너는 대단한 직관이 있다는 느낌이 팍 오는 걸.

positive

협정을 통해서 이미 정해졌다는 느낌의 형용사입니다. 그래서 '명확하다', '분명하다' 등의 기본 의미를 가지고 있죠. 그러면서 '확신하다', '자신 있다', '긍정적이다', '적극적이다' 등의 의미까지 포함합니다.

핵심표현

MP3 122

- **I'm positive.**
  저는 확신합니다.

- **You've got to be more positive about our work.**
  네게 우리 일에 대해서 좀 더 확신과 자신을 가졌으면 좋겠어.

- **People who live long often have a positive attitude.**
  오래 사는 사람들을 보면 긍정적인 태도를 갖고 있는 사람들이 많아.

 영화 속 사용

A Are you sure you don't want to go?
B I'm positive.
A What are you going to do for four days as a woman of leisure?
B Same thing I do as a hired hand, except with less help.

<movie, *The Bridges of Madison County*>

A 당신 정말 같이 가고 싶지 않아?
B 정말 그렇다니까.
A 그럼 4일 동안 뭐할 거야?
B 늘 머슴처럼 일하는 거 똑같지 뭐. 단지 도와줄 사람이 없다는 것뿐이지.

possible

어떤 일이 실행될 수 있음을 뜻하는 형용사입니다. 그래서 '가능하다'로 흔히 해석하죠. '있음 직하다'로 해석할 수도 있습니다.

핵심표현

 MP3 123

- **In that situation anything is possible.**
  그런 상황에서는 어떤 것이라도 가능한 거야.

- **Can you think of any possible explanation?**
  가능한 설명이 생각나세요?

- **Rumors about possible layoffs are rampant at work.**
  해고 조치가 있을 수 있다는 소문이 회사에 쫙 퍼졌다.

영화 속 사용

A You're the one who keeps talking about being a manager. All I'm saying is, it could be you.
B Give me a break. They're not gonna make a maid a manager.
A Why not? Today's a new day. Anything's **possible**.
<movie, *Maid in Manhattan*>

A 너 매니저 되고 싶다고 늘 말하잖아. 내 말은, 정말 네가 될 수 있다는 거야.
B 왜 이래 정말. 누가 방 청소하는 사람을 매니저 시킨대.
A 왜 안 돼? 지금이 어느 땐데. 무슨 일이든 가능한 때란 말이야.

pregnant

'태어나기 전'이라는 어원을 갖고 있는 형용사입니다. 그래서 '임신하다'라고 흔히 해석하죠. '뭔가로 충만하다'의 느낌을 전하기도 합니다.

핵심표현

 MP3 124

- **Can I get pregnant on my period?** 생리 중에도 임신이 가능한가요?
- **You need to get more protein when you're pregnant.**
  임신했을 때는 단백질을 더 많이 섭취해야 됩니다.
- **My mom was seven months pregnant, so she couldn't work.**
  우리 엄마는 임신 7개월이라서 일을 하실 수가 없었어요.

영화 속 사용

- A So, how have you been?
- B **Pregnant**.
- A Really? **Pregnant**. Well, that's great. Congratulations!
- B Thank you. It's yours.
- A Mine? We were only together one night.
- B That's all it took.

<movie, *Fools Rush In*>

- A 그래, 그동안 어떻게 지냈어요?
- B 임신했어요.
- A 정말이요? 임신했다고요. 정말 잘됐네요. 축하해요!
- B 고마워요. 당신 아이에요.
- A 내 아이요? 아니 우리가 같이 지낸 건 딱 하룻밤이었잖아요.
- B 임신은 하룻밤에 충분해요.

prepared

이미 준비되어 있는 상태를 의미하는 형용사입니다. '각오가 단단히 되어 있다'라고 해석할 수도 있습니다. 의미의 강조를 위해서 well-prepared라고 표현하기도 합니다.

핵심표현

- **I'm prepared to sue.**
  난 소송 준비 다 끝났어.

- **The way I work, I'm always very prepared.**
  저는 일을 할 때 늘 사전준비를 철저히 합니다.

- **Make sure you're prepared for the trip with fresh snacks, sunglasses, and plenty of music.**
  여행준비 확실하게 해야 돼. 신선한 간식거리와 선글라스, 그리고 음악을 많이 준비해야 된다고.

영화 속 사용

I'm **prepared** to whatever it takes to get this job. I'll start wherever I have to start. I'll park cars if I have to. I know this: I can do this job. I can. Give me a chance, Peter. I won't let you down.

<movie, *The Family Man*>

이 일을 하기 위해서 필요한 건 뭐든지 다 준비되어 있습니다. 무슨 일이든 시작하겠습니다. 주차장에서 일해야 된다면 그렇게 하겠습니다. 제가 분명히 알고 있는 사실은 제가 이 일을 해낼 능력이 있다는 것입니다. 할 수 있습니다. 제게 기회를 주세요, 피터. 절대 실망시키지 않겠습니다.

private

지극히 사적인 일을 말할 때 씁니다. '개인 소유에 속하다'라는 느낌으로 해석하기도 하죠. 또한 '비밀을 지키다', '사설' 등의 느낌을 살려서 이해하기도 합니다.

 핵심표현

 MP3 126

- **It's a very private matter.**
  아주 사적인 문제예요.

- **Do you mind if I step outside for a moment? It's a private call.**
  잠깐 밖으로 나가도 되겠어요? 사적인 전화라서요.

- **I like to keep it private, but it was a very magical moment.**
  비밀로 하고 싶지만 정말 마법에 걸린 듯한 순간이었어요.

 영화 속 사용

Ⓐ I go on a vacation all the time.
Ⓑ How often?
Ⓐ A dozen times a day. My favorite spot. Maldives Island. It's my own private getaway. Things get heavy for me, I take five minutes out, and I just go there. And I just concentrate on absolutely nothing.

<movie, *Collateral*>

Ⓐ 전 항상 휴가를 떠납니다.
Ⓑ 얼마나 자주요?
Ⓐ 하루에도 10번은 가죠. 제가 좋아하는 곳이에요. 몰디브 섬. 저만의 휴양지입니다. 힘들 때 5분 시간 내서 가는 거죠. 그리고 정말 아무 생각하지 않는 겁니다.

proud

'자존심', '자부심' 등을 뜻하는 명사 pride의 형용사형입니다. 그래서 명사의 뜻을 그대로 갖는 것을 물론 '자랑으로 여기다', '거만하다' 등의 느낌도 포함합니다.

핵심표현 MP3 127

- **Great thinking. I'm proud of you.**
  훌륭한 생각이야. 네가 정말 자랑스럽다.

- **I'm proud to have broken my guilt habit.**
  죄책감이 느껴지는 버릇을 없애서 얼마나 자랑스러운지 몰라.

- **I'm sure your father will be very proud.**
  너희 아버지가 굉장히 자랑스러워 하실 거야.

영화 속 사용

A Harry tells me you're quite a science whiz. You know, I'm something of a scientist myself.
B I read all your research. Really brilliant.
A You understood it?
B Yes, I wrote a paper on it.
A Impressive. Your parents must be very **proud**.

<movie, *Spiderman*>

A 해리 말로는 과학을 무척 잘한다던데. 나도 꽤 알아주는 과학자야.
B 연구하신 거 다 읽어봤습니다. 정말 굉장한 내용이었습니다.
A 그걸 다 이해했단 말이야?
B 예. 그것에 대해 논문도 썼는걸요.
A 대단해. 부모님이 대견해하시겠어.

quiet

'조용하다'라는 의미의 형용사 맞습니다. 하지만 '마음이 평온하다'에서부터 '얌전하다', '말이 없다', '내성적이다', '안정을 취하다', '비밀로 하다' 까지 다양한 의미로 의역할 수 있어야 합니다.

핵심표현

🎬 MP3 128

- **He's quiet by nature.**
  걔는 원래 말이 없어.

- **There isn't any way to keep it quiet.**
  그걸 비밀로 지킬 수 있는 방법이 전혀 없어.

- **I'm really interested in meeting someone special who likes quiet things.**
  저는 조용한 것을 좋아하는 뭔가 특별한 사람과의 만남에 정말 관심 있거든요.

 영화 속 사용

A You'll be covering 22 patients on rounds today, this floor and the next.
B Twenty two.
A **Quiet** morning. If you get into trouble, beep me, but don't make it a habit.

<movie, *The Lake House*>

A 오늘 몇 번의 회진을 통해서 22명의 환자를 돌보게 될 거야. 이 층과 위층에서 말이지.
B 스물 두 명이요.
A 이 정도면 조용한 아침이야. 문제가 생기면 삐삐를 쳐. 하지만 습관적으로 삐삐치는 일은 없도록 해라.

Part 01 회화 실력 강화를 위한 기초어휘 145

ready

물리적으로 '준비가 되어 있다'라는 의미입니다. 또한 정신적이고 심리적인 준비에도 해당되어 '각오가 되어 있다'로 해석할 수 있습니다.

 MP3 129

- **I'm not ready for children.**
  난 아직 아이를 가질 마음의 준비가 안 되어 있어.

- **I came off the pill, ready to start a family.**
  나 피임약 끊었어. 이젠 아이를 낳아 정상적인 가정을 꾸밀 준비가 됐어.

- **Don't try to swallow the smoke. You're not ready for that yet.**
  담배 연기를 마시려고 하지 마. 넌 아직 그것까지는 준비가 안 됐어.

영화 속 사용

A When was the last time you had a physical?
B About a year ago.
A When I knock on your door in the morning, have your sneakers on and be **ready** to run.
B You must be out of your mind. I didn't come down here to exercise.

<movie, *How Stella Got Her Groove Back*>

A 마지막 건강검진 언제였어?
B 거의 1년 됐지.
A 아침에 노크하면 운동화 신고 조깅할 준비해.
B 너 미쳤어. 내가 여기에 운동하러 온 줄 아니?

real

실제 존재한다는 의미를 갖죠. 그래서 '중요하다', '인공이 아닌 자연 그대로이다', '상상이 아닌 현실이다', '실제 경험을 통한 것이다' 등의 느낌을 전하게 됩니다.

핵심표현

MP3 130

- **Are you real?**
  너 진짜 내 여자/남자 맞아?

- **It looks better than the real thing.**
  그거 진짜보다 더 진짜 같다.

- **We need to tackle the real problems of unemployment and poverty.**
  실업과 가난의 진짜 중요한 문제들을 해결할 필요가 있어.

 영화 속 사용

A I'm glad you're going out tonight.
B Oh, yeah?
A Yeah. I got something going on. Some serious clients with **real** potential.
B Oh. So, um, who are these clients?
A Couple of guys in from out of town.

<movie, *Nurse Betty*>

A 당신이 오늘밤 외출한다니 잘됐어.
B 잘됐다고?
A 그래. 일이 좀 있거든. 진짜 가능성 있는 중요한 고객들을 만나기로 했어.
B 아. 어떤 고객들인데?
A 다른 동네 사람들인데 두 사람 정도가 오기로 했어.

responsible

뭔가에 책임을 져야 한다는 의미가 중심인 형용사입니다. 그래서 '~라는 잘못을 저지르다', '~의 원인이 되다', '분별력 있고 신뢰할 수 있는 사람이다' 등의 느낌을 포함합니다.

핵심표현 🎬 MP3 131

- **I felt responsible for Tom.**
  난 톰을 책임져야 한다는 생각이 들었어요.

- **You can leave the children with John. He's very responsible.**
  아이들은 존에게 맡기도록 해. 그 사람 정말 믿을 수 있는 사람이야.

- **The floods were responsible for the deaths of a lot of people.**
  홍수로 인해서 너무 많은 사람들이 목숨을 잃었어요.

영화 속 사용

A: How long was I out?
B: About 10 seconds. The cabbie crossed himself, he went, "Thank God. I thought I'd killed her." I said, "Let's get her to a hospital." He hesitated. I think he thought there'd be paperwork and he'd be held **responsible**.

<movie, *Closer*>

A: 제가 얼마 동안 정신을 잃었었나요?
B: 10초 정도요. 택시 운전수가 십자가를 긋더니 그러더라고요. "아이고, 살았다. 난 죽은 줄 알았잖아." 그래서 제가 말했죠. "병원으로 데리고 갑시다." 그랬더니 주춤하더라고요. 병원에 가면 서류 작성해야지, 게다가 자기에게 책임을 물을 것 같으니까 그랬던 거겠죠.

ridiculous

우스꽝스럽고 터무니없으며 전혀 이치에 맞지 않는다는 느낌을 전하는 형용사입니다. 상황이나 말, 그리고 사람에 모두 적용됩니다.

핵심표현

- **You're being ridiculous.**
  너 지금 바보 같이 왜 그래.

- **I'm all for a timely resolution, but this is ridiculous.**
  난 시기 적절한 해결에는 대찬성이지만 이건 상황이 좀 우습게 됐어.

- **I won't allow these ridiculous allegations to jeopardize her career.**
  이런 터무니없는 주장 때문에 그녀의 경력을 위태롭게 만들 순 없지.

영화 속 사용

A You're playing somewhere else tonight?
B Believe it or not, I don't actually know the address yet.
A You don't?
B No. It may sound ridiculous, but it's in a different place everytime.

<movie, *Eyes Wide Shut*>

A 오늘 밤 다른 곳에서 연주하니?
B 믿어지지 않겠지만 사실 어디에서 연주하는 건지 거기 주소를 나도 아직 몰라.
A 모른다고?
B 몰라. 터무니 없이 들리겠지만 매번 연주하는 곳이 바뀌니까 말이지.

rough

가공하지 않았다는 의미의 형용사입니다. 그래서 물리적으로는 '거칠다'로 해석되죠. 이것이 파생되어 '난폭하다', '사납다', '힘들다', '감당할 수 없다' 등으로 해석됩니다.

핵심표현

 MP3 133

- **I've had a rough day.**
  오늘 정말 힘들었어.

- **He's going through a particularly rough time.**
  그는 지금 너무 힘든 시간을 보내고 있어요.

- **When life gets rough and you only have a dime in your pocket, go get your shoes shined.**
  삶이 힘들고 주머니에는 천 원짜리 몇 장밖에 없을 때 가서 신발을 닦으세요.

영화 속 사용

A So, did you have any trouble finding the place?
B Okay, I'm late. I'm sorry. I ran out of gas. The gauge is broken, or something. **Rough** neighborhood too.
A They would never hurt you, Fletcher. You're their lawyer.

<movie, *How Stella Got Her Groove Back*>

A 왜, 집 찾아오는 데 힘들었어?
B 알았어. 늦어서 미안. 기름 떨어지고, 게이지 고장 나고 뭐 그런 거지. 동네 사람들은 또 왜 그렇게 마구잡이야.
A 이 동네에 당신한테 막할 사람이 어디 있어. 당신이 다 그들 변호산데.

safe

위험이 없이 안전하다는 의미의 형용사입니다. 그래서 '안전하다', '무난하다', '무해하다', '신뢰할 만하다' 등의 의미로 다양하게 해석됩니다.

핵심표현

 MP3 134

- **Your secret is safe with me.**
  비밀을 보장해 줄 테니까 안심해.

- **Just stay loose and we'll find a safe solution.**
  안전한 해결책을 찾아낼 수 있을 테니 긴장 풀어.

- **Drivers should keep a safe distance from the car in front.**
  운전자는 앞 차와의 거리를 안전하게 유지해야 합니다.

영화 속 사용

A: You need to get to a **safe** place. They're moving against you.
B: Meet me there in two hours.
A: Where are you going?
B: I have to find her before they do.

<movie, *AeonFlux*>

A: 너 안전한 곳으로 몸을 피해야겠어. 그들이 지금 너를 해치려고 움직이고 있어.
B: 거기에서 두 시간 후에 봐.
A: 지금 어디를 가는 건데?
B: 그들이 그녀를 발견하기 전에 그녀를 찾아봐야지.

same

양이나 질, 상태, 모양 등이 똑같다는 의미의 형용사입니다. 이전과 전혀 다르지 않다는 의미이기도 하고요. 그리고 늘 the와 함께 쓰입니다. 하지만 대화 중에 문장의 맨 앞에 쓰일 때에는 the가 생략될 수도 있습니다.

 MP3 135

- **I feel the same way.**
  나도 같은 생각이야.

- **I've been telling you the same thing for years.**
  너한테 몇 년 동안이나 똑같은 소리를 계속 했잖아.

- **I can't bear being in the same city and only getting to see you on weekends.**
  난 정말 못 참겠어. 어떻게 같은 도시에 살면서 주말 밖엔 얼굴을 못 보냔 말이야.

영화 속 사용

A Listen, I'm just putting some dinner on, you're welcome to stay.
B Thanks. I need to get back. I'm still unpacking boxes.
A Look, maybe next week? **Same** time? We should be friends. We're neighbors now.

<movie, *Half Light*>

A 막 저녁을 차리려던 참이었어요. 같이 먹어도 좋은데.
B 고마워요. 하지만 돌아 가봐야 돼요. 아직 짐을 푸는 중이라서.
A 다음 주는요? 같은 시간 괜찮아요? 우리 친구하자고요. 이젠 이웃인데.

satisfied

주어가 뭔가에 만족한 상태임을 뜻하는 형용사입니다. 그 만족한 정도가 강해지면 무언가에 '확신을 갖는다'라는 느낌을 전하기도 하죠. 동사 satisfy에서 파생된 수동형 형용사입니다.

핵심표현

 MP3 136

- **Are you satisfied?**
  그래 이제 만족하니? (비아냥거림)

- **I'm not satisfied with the way he cut my hair.**
  난 그가 내 머리 자른 거 전혀 마음에 들지 않아.

- **If you're not completely satisfied, you can get your money back.**
  완벽하게 만족하지 않으시면 환불 받으실 수 있습니다.

영화 속 사용

A If my deception has altered your intentions... if you're not **satisfied** in any way...
B No, no, no, it isn't that.
A I am determined to make my way back to my home in Delaware. If you say so, I will.

<movie, *Original Sin*>

A 만일 제가 속여서 원래의 생각과 의도가 달라지셨다면... 어떤 식으로든 만족스럽지 못하시다면...
B 아니, 아니요. 그런 게 아닙니다.
A 전 이미 델라웨어에 있는 제 집으로 돌아갈 마음의 결심을 한 상태입니다. 그렇게 하라 말씀하시면 그렇게 하겠습니다.

Part 01 회화 실력 강화를 위한 기초어휘

separate

서로 완전히 분리되었다는 의미의 형용사입니다. 그래서 '떨어져 있다', '전혀 연관이 없다', '개별적이다', '독립되어 있다' 등의 느낌으로 해석합니다.

핵심표현

 MP3 137

- **That's a separate issue.** 그건 별개의 문제야.
- **She was at pains to reveal they lead very separate lives.**
  그녀는 남편과 완전 별개의 삶을 살고 있다는 사실을 힘들게 고백했어.
- **Keep your business completely separate from your private life.**
  사업은 사적인 생활과는 완전 분리시켜서 해야 되는 거야.

영화 속 사용

A You pulled my authorization!
B Yes. Why are you yelling?
A If you're going to fire me, have the guts to face me.
B You're still yelling.
A I'm angry! You're risking a patient's life.
B I assume those are two separate points.

<movie, *Half Light*>

A 당신이 내 권한을 완전히 땅바닥에 내동댕이쳤잖아!
B 그래요. 그런데 왜 소리 질러요?
A 나를 자를 거면 나하고 당당히 맞서서 하란 말이야.
B 계속 소리를 지를 거예요?
A 화가 나니까! 당신이 지금 환자의 생명을 위협하고 있잖아.
B 그건 서로 전혀 다른 얘기 아닌가요?

shocked

충격을 준다는 의미의 타동사 shock에서 파생된 수동형 형용사입니다. 어떤 상황이나 사람에 의해서 '충격을 받는다'라는 의미이죠. 반면에 능동형 형용사는 shocking입니다.

핵심표현

 MP3 138

- **I was totally shocked.**
  나 완전 충격 먹었잖아.

- **Don't sound so shocked.**
  그렇게 놀란 듯이 말하지 마.

- **I was so shocked that just really simple things have made a huge difference for us!**
  어찌나 충격을 받았던지 정말 간단한 것들도 우리에게는 엄청난 영향을 주게 된 거야!

영화 속 사용

A I can't believe it. Bruce Willis is a ghost. I'm shocked. Did you see that coming?
B Not a clue. **Shocked** as hell.
A Anyway, it was awesome.

<movie, *50 First Dates*>

A 정말 믿을 수가 없어. 브루스 윌리스가 유령이었다니 말이야. 충격이었어 정말. 넌 그렇게 될 줄 알았니?
B 전혀 몰랐지. 정말 엄청난 충격이었어.
A 어쨌든 간에 정말 대단했어.

silent

아무런 말을 하지 않거나 아무런 소리가 나지 않는다는 의미의 형용사입니다. 그래서 '침묵을 지키다', '조용하다', '소리가 나지 않다' 등의 느낌으로 해석합니다.

핵심표현

 MP3 139

- **She remained silent.**
  그녀는 계속 침묵을 지켰다.

- **They went silent when he appeared.**
  그들은 그가 나타나자 침묵했다.

- **The shock was so intense that everything went completely silent and the only sound I could hear was my heart pounding.**
  충격이 너무 심해서 완벽한 정적이 흘렀고 내 심장 뛰는 소리만이 귀에 들렸다.

영화 속 사용

You have the right to remain **silent**. You have the right to an attorney and have the attorney present during questioning. If you so desire and cannot afford one, an attorney will be provided for you without charge. Do you understand each of these rights.

<movie, *The Rich Man's Wife*>

당신은 묵비권을 행사할 권리가 있습니다. 변호사를 댈 수 있으며 심문 중에 변호사를 출석시킬 수도 있습니다. 변호사를 원하는데 비용이 없다면 무상으로 제공 받을 수도 있습니다. 말씀 드린 권리를 이해하시겠습니까?

silly

사람, 행동, 말 등이 정상적이지 않고 뭔가 비어있다는 느낌의 형용사입니다. 그래서 '어리석다', '주책없다', '바보 같다', '분별없다' 등으로 해석하게 됩니다.

핵심표현

MP3 140

- **I feel so silly in this outfit.**
  이 옷을 입으니까 정말 유치하기 짝이 없어.

- **It's a pretty silly thing to do.**
  그건 정말 바보 같은 짓이야.

- **I hate the parties--we always end up playing silly games.**
  나 그런 파티 정말 싫어--항상 마지막에는 유치한 게임으로 끝나잖아.

영화 속 사용

A Why did you think it would upset me?
B Has it?
A Well, you didn't show it to me when you first got it, so...?
B I didn't open it until I got to work.
A Weren't you curious?
B I didn't know who it was from. Anyway, don't be **silly**.

<movie, *Birth*>

A 그것 때문에 내가 기분 나쁠 거라고 생각한 이유는 뭐야?
B 왜, 기분 나빴어요?
A 그걸 처음 받았을 때 나한테 바로 보여 주지 않았잖아, 그래서...?
B 회사에 도착해서야 열어본 거예요.
A 궁금하지도 않았어?
B 누가 보낸 건지도 몰랐어요. 하여간, 바보처럼 그러지 말아요.

similar

두 개 이상의 것을 비교하여 닮았다는 느낌을 전하는 형용사입니다. 그래서 '비슷하다', '유사하다', '종류가 같다' 등의 의미로 해석합니다.

 MP3 141

- **There are similar concerns about her.**
  그녀에 대해서 비슷한 우려의 소리가 있습니다.

- **He took a similar approach to that issue.**
  그는 유사한 접근 방법을 써서 그 문제를 다루었습니다.

- **I queried a guy I know who works in an office that has an environment similar to yours.**
  내가 알고 있는 사람에게 질문을 해봤는데 너와 비슷한 환경의 사무실에서 일하는 사람이거든.

Ⓐ My wife left me. I was upset. I got into a self-destructive pattern.
Ⓑ If released, is it likely you'd fall back into a **similar** pattern?
Ⓐ I doubt she'd do it again just for kicks.

<movie, *Ocean's Eleven*>

Ⓐ 제 아내가 떠났습니다. 기분이 안 좋았죠. 그래서 자기 파괴적 행위 패턴에 빠진 겁니다.
Ⓑ 석방되면 유사한 패턴에 다시 빠질 가능성이 있다고 보세요?
Ⓐ 제 아내가 재미로 또 한 번 그런 짓을 할 리는 없을 것 같은데요.

social

'사회'의 느낌을 담고 있는 형용사입니다. 그래서 '사회적이다', '사회에 관한 것이다', '사교적이다' 등의 느낌을 전하게 됩니다.

핵심표현

MP3 142

- **This is not a social call.** 그저 안부인사나 하려고 전화한 게 아니야.

- **I notice that you're not very social.**
  네가 그다지 사교적이지 못하다는 걸 알겠어.

- **Before you prepare yourself for parties, dinners, and other social occasions, it's a good idea to put your own house in order.**
  파티, 저녁식사, 그리고 다른 사교모임을 위한 준비를 하기 전에 네 집을 좀 잘 정리하는 게 좋겠어.

영화 속 사용

A I major in Social Studies.
B It doesn't show.
A It's an Honors program.
B Listen, I know you've got at least a few brains.
A Really?
B Yeah. You're hung up on me, aren't you?

<movie, *Love Story*>

A 전 사회 전공입니다.
B 전혀 그래 보이지 않는데요.
A 우등생 프로그램이에요.
B 이봐요, 그래도 머리는 좀 있는 것 같군요.
A 정말 그래 보입니까?
B 예. 그러니까 나한테 집착하는 거잖아요.

special

일반적인 것과는 다른 뭔가 특별한 것을 말할 때 사용하는 형용사입니다. 그래서 '특별하다', '독특하다', '전문성이 있다' 등의 느낌으로 이해하게 됩니다.

핵심표현

- **Any special reason?** 무슨 특별한 이유라도 있는 거야?

- **Do you have someone special in your life?**
  살면서 마음속에 특별하게 자리 잡고 있는 사람 있어?

- **Thank you all for coming and for being a part of this very special wedding celebration.**
  오셔서 이 특별한 결혼식 축하연을 빛내주신 여러분께 감사 드립니다.

A What are you doin' here?
B Hey, babe. God, you look gorgeous.
A Thanks. So, how's life?
B Not bad. Can't complain. You?
A Oh, you know, just writing the column. The usual. So, you seeing anyone **special**?
B Not really.

<movie, *Sex and the City*>

A 여긴 웬 일이야?
B 자기, 와, 너무 멋지네.
A 고마워. 잘 지내는 거야?
B 그럼. 잘 지내. 너는?
A 뭐, 그냥. 칼럼 쓰면서 지내지. 늘 같아. 누구 특별히 만나는 사람 있어?
B 그런 거 없어.

stable

고정되어 있어서 움직이거나 변화될 가능성이 없다는 의미의 형용사입니다. 그래서 '안정되다', '견실하다'라는 의미를 전합니다. 또한 '침착하고 이성적이며 쉽게 흔들리지 않는 사람'을 가리켜서도 이 어휘를 씁니다.

핵심표현

MP3 144

- **Our relationship is fairly stable.**
  우리 관계는 아주 안정적이야.

- **He was clearly not a very stable person.**
  그는 과거에는 분명 그다지 침착하고 이성적인 사람이 아니었어.

- **I'd prefer to be married and in a stable relationship.**
  난 결혼해서 안정적인 관계를 갖길 원하는 건데.

영화 속 사용

A What's the matter?
B Vanessa's gonna break up with me and I don't know what to do to make her wanna stay.
A Vanessa...she's getting older. She wants different things, you know. Career, **stable** relationship, a family.

<movie, *Big Daddy*>

A 무슨 일인데?
B 바네사가 헤어지겠데. 어떻게 해야 그녀가 내 곁에 있을 수 있을까?
A 바네사는 점점 나이 들어가면서 뭔가 다른 것들을 원하는 거야. 일과 안정된 관계, 결혼해서 가정을 꾸미는 그런 거 말이야.

straight

구부러지지 않고 곧다는 의미의 형용사입니다. 그래서 '곧다', '똑바로 서다', '솔직하다', '정직하다', '정돈되어 있다' 등의 의미를 전하게 됩니다.

 MP3 145

- **I want a straight answer.**
  솔직한 답을 해주세요.

- **Let me get straight to the point.**
  바로 핵심을 말씀 드리겠습니다.

- **Over dinner, for four straight hours, he was hell-bent on keeping me at GE.**
  저녁을 먹으면서 연속 4시간을 그는 나를 GE에 남게 하기 위해 필사적으로 매달렸다.

A You want me to come there?
B They make you ask somebody, so it's either you or Aunt Helen.
A So let me get this **straight**. You screw up, and then I'm supposed to drop everything in my life?
B They can schedule it around what's good for you. So...

<movie, *28 Days*>

A 나더러 거길 오라고?
B 다른 사람한테 부탁해도 된데. 그러니까 네가 오던지 헬렌 이모가 오던지.
A 내 말 똑바로 들어. 일은 네가 그르쳐놓고 나더러 내 일 다 팽개치고 너한테 오라는 거야?
B 너한테 좋은 시간으로 다시 시간을 잡아줄 수 있데. 그러니까...

sure

의심의 여지없이 확신한다는 의미의 형용사입니다. 그래서 '확신하다', '틀림없다', '반드시 ~하다', '믿을 수 있다' 등의 의미로 해석하게 됩니다.

핵심표현

- **I'm sure you feel the same way.**
  너도 분명 같은 기분일 거야.

- **What makes you so sure you can solve this?**
  네가 이 문제를 해결할 수 있다고 확신하는 이유가 뭐야?

- **Let's begin with what we're pretty sure about.**
  우리가 분명히 확신할 수 있는 것부터 시작합니다.

영화 속 사용

A Do you think he'll invite her to my party?
B I'll make sure he doesn't.
A Well, don't be mean about it.
B No, of course not.
A It's just I don't want anyone to be uncomfortable, you know? Someone like that makes things awkward.

<movie, *A Good Woman*>

A 그가 그녀를 우리 파티에 초대할 것 같아?
B 그러지 못하도록 분명히 해둘게.
A 너무 야비하게 하지는 마.
B 물론 그렇게 하지는 않지.
A 난 누구도 불편해지는 것 싫어. 알지? 그런 사람 있으면 분위기 불편해진다는 거.

sweet

'맛이 달콤하다'라는 의미의 형용사입니다. 여기에서 파생되어 '감미롭다', '냄새가 좋다', '기분이 좋다', '친절하다', '마음씨 곱다' 등으로 의역 되는 좋은 느낌의 어휘입니다.

핵심표현

 MP3 147

- **He really is a sweet guy.** 그는 정말 괜찮은 남자야.
- **She seems sweet and down-to-earth.**
  그녀는 마음씨 고우면서도 현실적인 여성인 것 같아요.
- **When I prepare for a competition or photo shoot I stay away from all sweet treats.**
  저는 대회나 사진 촬영을 준비할 때는 단 음식을 절대 먹지 않아요.

영화 속 사용

A We should spend some time together.
B Yeah.
A With Alex.
B Yeah.
A She's sweet.
B I think so.
A Hey, I've got box seats at the Bowl.

<movie, *Laurel Canyon*>

A 우리 같이 시간을 좀 보내야지.
B 그러게.
A 앨릭스와 함께 말이야.
B 그럼.
A 참 괜찮은 애야.
B 나도 그렇게 생각해.
A 내가 수퍼볼 박스 자리를 준비했어.

tall

당연히 키가 크고 높이가 높다는 느낌의 형용사입니다. 하지만 그 활용이 만만치 않습니다. 실제 문장을 정확히 기억하도록 합니다.

핵심표현

- **How tall is he?**
  걔 키가 어느 정도야?

- **You look taller in real life.**
  당신 실제로 보니 훨씬 더 커 보이네요.

- **Didn't you have something to do with that tall blond girl?**
  너 그 키 큰 금발 아가씨와는 아무런 관계도 없었던 거야?

A Financial consultant. Recently divorced. Did you notice the way he ate his pancakes.
B Hellen.
A He took his time on every bite.
B Get a grip.
A You know what they say about **tall**, lanky men, don't you?

<movie, *Message In A Bottle*>

A 금융 컨설턴트야. 최근에 이혼했고. 저 사람 팬케이크 먹는 거 봤니?
B 헬렌, 왜 이래 정말.
A 한 입 먹을 때마다 정말 여유 있잖아.
B 정신 차려.
A 너 키 크고 호리호리한 사람을 보고 사람들이 뭐라고 하는지 알아?

total

'전체'를 의미하는 형용사입니다. 그래서 '전체의', '총계의', '완전한' 등의 의미로 해석하게 됩니다. 강조용법으로 흔히 사용되죠.

 MP3 149

- **I have total confidence in you.**
  난 너를 완전 신뢰하잖아.

- **That new car was a total waste of money.**
  그 새로 산 차는 완전 돈 낭비였어.

- **Stop talking total nonsense to strangers.**
  낯선 사람들한테 그런 말도 안 되는 소리를 하면 어쩌자는 거야.

영화 속 사용

A I didn't know he would call you. You must think I'm a **total** nuisance.
B Not exactly.
A I'm sorry. I would usually call Rajiv, but I didn't know what to do, so I called Mr. Bianchini.

<movie, *Bound*>

A 그 사람이 당신한테 전화할 줄은 정말 몰랐어요. 절 정말 성가신 존재로 생각하시겠군요.
B 그런 거 아니에요.
A 죄송해요. 보통은 라지브에게 전화하는데 제가 어쩔 줄 몰라서 그만 비안치니 씨에게 전화한 거였어요.

tough

강인하다는 느낌의 형용사입니다. 그래서 '질기다', '튼튼하다', '강인하다', '힘들다', '무섭다' 등의 의미를 전하게 됩니다.

핵심표현

MP3 150

- **He's tough and persuasive.**
  그는 강인하고 설득력 있어.

- **They're asking some tough questions.**
  그들이 좀 어려운 질문을 하고 있어요.

- **Do I need to give up sugar for my abs to pop out? Is it tough to give up?**
  복근을 나오게 하려면 설탕을 포기해야 돼요? 포기하는 게 힘든가요?

영화 속 사용

A He wasn't making any sense.
B He thinks the reason you won't talk to him is because of me.
A It's just like him to blame everyone but himself.
B Don't help him, John.
A All right. I have to be **tough**. He has to take responsibility.

<movie, *Poison Ivy*>

A 걔 정말 순 엉터리였어.
B 그는 네가 자기와 말하려고 하지 않는 이유가 나 때문이라고 생각해.
A 자기 말고 다른 사람한테만 모든 책임을 전가하려는 꼴이지 뭐야.
B 걔 도우려고 하지 마, 존.
A 알았어. 강하게 나가야겠어. 책임은 그가 져야 되니까.

true

진실의 느낌을 담고 있는 형용사입니다. 그래서 '정말이다', '진짜다', '순수하다', '성실하다', '신뢰할 수 있다' 등의 의미를 전합니다.

핵심표현

🎬 MP3 151

- **The rumors are true.**
  소문들 다 사실이야.

- **Stop talking this nonsense and face what is true.**
  이런 엉뚱한 소리 좀 그만하고 사실이 무엇인지 제대로 직시하고 좀 살아.

- **First impressions are seldom true, you know that.**
  첫 인상은 거의 실제와 달라. 잘 알잖아.

Ⓐ Now, why didn't you tell me she was so successful?
Ⓑ I told you.
Ⓐ No, you didn't. You've hardly told me anything about her.
Ⓑ You hardly asked.
Ⓐ That's not **true**.

<movie, *Laurel Canyon*>

Ⓐ 아니, 도대체 왜 그녀가 그렇게 성공한 여성이라는 걸 말하지 않았어?
Ⓑ 말했잖아.
Ⓐ 아니, 말 안 했어. 그녀에 대해서 나한테 말한 게 거의 없어.
Ⓑ 당신이 묻지도 않았잖아.
Ⓐ 그렇지 않아.

unusual

일반적이고 보통의 것과는 다르다는 의미의 형용사입니다. 그래서 '보통이 아니다', '비범하다', '보기 드물다', '진귀하다', '별나다' 등의 의미로 해석하게 됩니다.

 핵심표현

MP3 152

- **Isn't that pretty unusual?**
  그거 정말 보기 드문 일 아니야?

- **You seem to have unusual stamina.**
  넌 정말 각별한 체력을 갖고 있는 것 같아.

- **You haven't heard from a single university yet. Isn't that a bit unusual at this point in the year?**
  아직 대학 단 한 군데에서도 연락이 없었는데, 연중 이맘때로 치면 그거 좀 이상한 거 아니냐?

 영화 속 사용

Ⓐ Oh, my God.
Ⓑ Tell me.
Ⓐ Security just left a message saying the Charles Keefe party will be arriving at 5:30 a.m. instead of p.m.
Ⓑ That's not that **unusual**.

<movie, *Red Eye*>

Ⓐ 세상에.
Ⓑ 무슨 일인데?
Ⓐ 보안 팀에서 연락이 왔는데 찰스 키프 일행이 오후가 아니라 오전 5시 30분에 도착한대.
Ⓑ 그건 보통 있는 일이야.

whole

하나도 빠뜨리지 않은 전체를 의미합니다. 그래서 '전원의', '모든' 등으로 해석하고 여기에서 파생되어 '완전하다'라는 의미까지 전달하게 됩니다.

핵심표현

 MP3 153

- **The whole town knew her.**
  마을 전체가 그녀를 알아.

- **You're available for the whole weekend?**
  주말 내내 시간 있다고요?

- **I can't believe she's cheated on me after I've been faithful this whole time.**
  그 동안 내가 얼마나 충성했는데 어떻게 그녀가 날 두고 바람을 피울 수 있어?

영화 속 사용

A Bring your test papers forward, please. You. With the scarf, yes.
B I really wasn't cheating. Why would I cheat on a DMV test?
A You may retake the test in 30 days.
B That's a joke, right? Thirty days? That's a **whole** month.

<movie, *Sweet November*>

A 시험지 가지고 나와요. 거기요. 스카프 하신 분. 예, 거기요.
B 컨닝 안 했어요. 운전면허 시험에서 왜 컨닝을 하겠어요?
A 30일 후에 재시험 치를 수 있을 겁니다.
B 농담하시는 거죠? 30일이요? 꼬박 한 달이잖아요.

 154

wise

흔히 현명하고 똑똑한 것을 말할 때 사용하는 형용사입니다. 올바른 판단에 의한 결정을 wise decision이라 하고 세상의 많은 경험을 통해서 올바른 판단과 결정을 내리는 사람에게도 wise를 사용합니다.

 핵심표현 MP3 154

- **It's wise to check before you leave.**
  떠나기 전에 확인하는 게 좋아.

- **I think you were wise to leave when you did.**
  네가 떠났던 건 정말 잘 결정이었던 것 같아.

- **I don't think that would be a very wise move.**
  그건 그다지 현명한 판단이 아닌 것 같은데.

 영화 속 사용

A We're gonna make an arrest in your cafe.
B Again?
A This is no ordinary arrest. If you're thinking of warning him, don't put yourself out. He cannot possibly escape. A **wise** foreign policy.

<movie, *Casablanca*>

A 자네 카페에서 체포해야 할 놈이 좀 있어.
B 또요?
A 이건 일반적인 체포가 아니야. 미리 그 놈에게 귀띔해주지 마. 큰 코 다칠 테니. 그 놈 절대 도망 못 가. 이건 아주 현명한 외교 정책일세.

wonderful

놀라움(wonder)으로 가득 찼다(full)는 의미의 어휘입니다. 결국 '놀랍다', '대단하다', '굉장하다', '훌륭하다' 등으로 해석하게 됩니다.

핵심표현

🎥 MP3 155

- **It's wonderful to see you again.**
  이렇게 다시 만나니 정말 좋네.

- **Like I said earlier, I had a wonderful time tonight.**
  아까 얘기했던 것처럼 오늘 밤 정말 즐거웠어.

- **Kerry has some wonderful plans to improve this nation.**
  케리는 이 나라를 발전시킬 정말 대단한 계획을 갖고 있습니다.

영화 속 사용

A Are you okay?
B I'm fine.
A Well, you don't seem fine. You seem like you're avoiding me. I mean, something's wrong.
B What's wrong is I can't touch my boyfriend without killin' him. Other than that, I'm **wonderful**.
A Hey. I don't think that's fair.

<movie, *X-Men*>

A 괜찮아?
B 아무 문제없어.
A 안 그런 것 같은데. 날 피하는 것 같아. 무슨 문제 있는 것 같은 걸.
B 문제는 내 애인을 만지면 애인이 죽는다는 것뿐이야. 그것 말고는 아무런 문제 없어.
A 이봐. 그건 말이 안 되잖아.

worth

'어떤 값어치가 있다'라는 의미의 형용사입니다. 뒤에 바로 명사형(동명사, 명사, 대명사)목적어를 취하는 독특한 형용사이죠. 실제 '돈'의 값어치는 물론이고 추상적인 값어치에도 적극적으로 활용됩니다.

핵심표현

 MP3 156

- **He's worth meeting.**
  그는 만날만한 값어치가 있어.

- **You should come up with ideas worth hearing.**
  들을 값어치가 있는 아이디어들을 제안해봐.

- **The deal is worth eighty million, and we'll rake off two hundred grand in fees.**
  그것은 8천만 달러짜리 계약이야. 우린 사례금으로 20만 달러를 긁어 모을 수 있는 거고.

영화 속 사용

A Easy! Hold on a minute! Whatever it is you are thinking, it's not **worth** it, you understand? I'm a cop. Maybe I can help.
B Okay. I'm fine.
A Listen to me. We'll get through this together.

<movie, *CatWoman*>

A 가만 잠깐만요! 무슨 생각을 하던 그건 값어치 없는 생각이에요. 무슨 소린지 알겠어요? 나 경찰이에요. 제가 도울 수 있을 거예요.
B 예, 전 괜찮아요.
A 내 말 들어요. 우리 같이 해결합시다.

Part 02 독해력 강화를 위한 확장어휘

  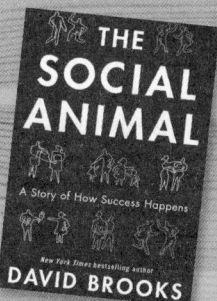

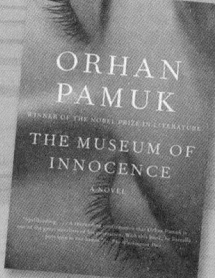  

★★★ FAMOUS NOVELS ENGLISH ★★★

기초 형용사의 이해만으로는 영어 능력의 확장을 장담할 수 없으며 글을 자유롭게 읽을 수도 없습니다. 형용사는 물론 문장을 역동적으로 만드는 기초 동사의 활용을 익혀야 합니다. 또한, 기초 어휘들은 그와 유사한 의미의 다양한 수준 높은 어휘들로 확장되어야 글을 읽을 수 있는 능력까지 생성됩니다. 자, 지금부터 그 다양한 어휘들의 활용을 영.미 소설을 통해서 익혀봅시다.

01
angry 화난

angry · mad · cross · annoyed · irritated
· bad-tempered · in a bad mood ·
somebody has got up on the wrong side
of the bed · furious · outraged · lose one's
temper

□ **angry**	화난 I'm **angry** at myself for this senseless reaction. <div align="right">*(from Fifty Shades of Grey)*</div>나는 이 분별 없는 반응에 내 자신에게 화났다.
□ **mad**	화난 (격 없는 사이에서 사용한다. 특히 미국에서 화났다는 의미로 사용하며 영국에서는 미쳤다는 의미로 주로 쓰인다.) I can tell he's **mad**. He's eyeing Christian suspiciously. <div align="right">*(from Fifty Shades of Grey)*</div>나는 그가 화났음을 알 수 있다. 그는 크리스찬을 의심의 눈초리로 쳐다본다.
□ **cross**	꽤 화난 (잘 아는 사람에게 사용하는 구어체 어휘이다. 특히 영국에서 사용된다.) Don't get so **cross** with the children. 아이들 때문에 그렇게까지 화내지 마.
□ **annoyed**	약간 화난, 짜증난 'Don't know.' James said, suddenly **annoyed**. <div align="right">*(from One Fifth Avenue)*</div>'모르지.' 제임스는 말했다. 갑자기 짜증 났다.
□ **irritated**	계속되는 말이나 행위로 인해 짜증난 She was sounding a bit defensive and this **irritated** her. <div align="right">*(from Sycamore Row)*</div>그녀가 말하는 소리는 약간 방어적으로 들렸다. 그리고 이것이 그녀를 계속 짜증 나게 했다.
□ **bad-tempered**	쉽게 짜증을 내거나 화내는 He's **bad-tempered** when he doesn't get what he wants. 그는 원하는 것을 갖지 못하면 쉽게 짜증 낸다.

☐ **in a bad mood**	특별한 이유 없이 한동안 약간 화난 I woke up **in a bad mood**. 아침에 일어났는데 괜히 기분이 언짢더라고.
☐ **somebody has got up on the wrong side of the bed**	누군가 이유 없이 하루 종일 짜증내고 화내다 **She got up on the wrong side of the bed** today. 쟤 오늘 하루 종일 이유 없이 짜증이네.
☐ **furious**	극도로 화난 She knew her parents would be **furious** if they knew where she was. 그녀는 부모님이 자기가 어디에 있는지 알면 노발대발 하실 거라는 사실을 잘 알고 있었다.
☐ **outraged**	본인 생각에 부당하거나 잘못된 일로 인해 대단히 화나거나 충격을 받은 'What?' Mindy said, **outraged**. *(from One Fifth Avenue)* '뭐라고?' 민디는 화나서 말했다.
☐ **lose one's temper**	갑자기 몹시 화나서 누군가에서 소리치기 시작하다 He was continually **losing his temper** over things he might once have ignored. *(from One Fifth Avenue)* 그는 계속 과거에는 무시했을 일들에 몹시 화를 내며 소리를 지르고 있었다.

02
easy 쉬운

easy · simple · straightforward · undemanding · be a cinch / be a piece of cake · be a breeze · There is nothing to it. · coast

□ **easy**	쉬운, 많은 노력을 필요로 하지 않는 This isn't as **easy** as it sounds. <div align="right">*(from Message In A Bottle)*</div>이건 들리는 것처럼 쉬운 일이 아니야.
□ **simple**	쉽고 복잡하지 않은, 간단한, 단순한 I want a **simple** yes-or-no answer. <div align="right">*(from Doctors)*</div>간단하게 '예스'인지 '노'인지만 말해주면 돼.
□ **straightforward**	이해하거나 행동하기 쉬운, 어떤 문제도 일으킬 것 같지 않은 It was a **straightforward** explanation. 그건 이해하기 쉬운 설명이었어.
□ **undemanding**	많은 노력을 필요로 하지 않아서 쉬운, 편한 It was an **undemanding** role for him. 그것이 그에게는 많은 노력을 기울일 필요 없는 쉽고 편한 역할이었다.
□ **be a cinch / be a piece of cake**	다른 것과 비교해서 아주 쉬운 일이다 (격 없이 사용) **It's a cinch.** 그거 정말 쉬운 일이야. **It's a piece of cake.** 그거 완전히 식은 죽 먹기야.
□ **be a breeze**	하기에 아주 쉬운 일이다 (격 없이 사용) The game is a **breeze** to play. 그 게임은 하기 아주 쉬워.
□ **There is nothing to it.**	다른 사람은 어렵다고 생각하지만 내게는 아무 것도 아닌 일이다 (구어체) I fixed the machine. **There was nothing to it.** 내가 그 기계 고쳤어. 고치는 거 별거 아니던데.

□ **coast**

일이나 공부가 쉬워서 많은 노력을 기울이지 않고 설렁설렁하다

He was a good man who had achieved a modest measure of success, but he was **coasting** along, thinking that he'd already reached his limits in life.

(from Your Best Life Now)

그는 괜찮은 사람이었다. 이미 보통 수준의 성공은 이룬 상태였다. 하지만 그는 현실에 만족하며 그다지 노력하지 않고 설렁설렁 살고 있었다. 자신은 이미 자기 인생에서의 한계에 이르렀다고 생각하고 있었던 것이었다.

03 eat 먹다

eat · have · swallow · consume · munch
· feed · grab a bite (to eat) · eat up · finish
· devour · nibble · pick at · have had
enough · be full · big eater

| □ eat | 먹다
Don't **eat** so fast. You'll get sick.
그렇게 빨리 먹지 마. 그러다 체해. |

| □ **have** | 특정한 음식을 먹다
I'd like to **have** one more piece of cake.
케이크를 한 조각 더 먹고 싶어.

I **had** dinner with him last night.
지난 밤에 그와 저녁을 함께 먹었어. |

| □ **swallow** | 삼키다
I can't **swallow** the pills.
이 알약을 삼키지 못하겠어.

Swallow your pride.
자존심을 좀 죽여. |

| □ **consume** | 먹다, 마시다 (특히 과학적인, 또는 기술적인 맥락에서 사용되는 문어체 어휘)
Babies **consume** large amounts relative to their body weight.
아기들은 몸무게에 비해서 많은 양을 먹는다. |

| □ **munch** | 입을 계속 움직여 소리 내어 씹으며 맛있게 먹다, 아삭아삭 먹다
He was **munching** on an apple.
그는 사과를 아삭아삭 맛있게 먹고 있었다.

I saw them **munching** on cookies.
걔들이 쿠키를 소리 내어 씹어먹는 모습을 봤어. |

| □ **feed** | 동물이나 아기가 음식을 먹거나 마시다
My son **feeds** every few hours.
내 아들은 두 세 시간마다 먹어. |

☐ **grab a bite (to eat)**	시간이 없어서 적은 양의 음식을 급히 먹다 (편한 사이에 사용) I'll just go downstairs, **grab a bite**, and go to bed. *(from Doctors)* 난 그냥 아래층으로 내려가서 간단하게 뭘 좀 먹고 잘게.
☐ **eat up**	남김없이 다 먹다 He **ate** it all **up** and then asked for more. 그는 음식을 남김없이 다 먹고 더 달라고 했다.
☐ **finish**	음식을 다 먹다 Let me **finish** my lunch first. 먼저 점심 좀 다 먹고 나서.
☐ **devour**	매우 배고파서 폭풍 흡입하다 (문어체에서 사용) I watched as he **devoured** everything on his plate. *(from Fifty Shades of Grey)* 나는 그가 자기 그릇에 담긴 음식을 하나도 남김없이 폭풍 흡입하는 모습을 지켜 보았다.
☐ **nibble**	음식의 양을 아주 조금씩 베어 먹다 You don't like it? What makes you **nibble** on it? 그거 안 좋아해? 왜 그렇게 조금씩 베어 먹는 건데?
☐ **pick at**	몸이 아프거나 기분이 좋지 않아서 음식을 조금씩 먹다 I watched him struggle with his fork, **picking at** a piece of tomato. 나는 그가 힘들게 포크질하며 토마토 조각을 조금씩 입에 넣는 모습을 지켜 보았다.
☐ **have had enough**	충분히 먹어서 더 이상 먹고 싶지 않다 Leave the rest if you'**ve had enough**. 충분히 먹었으면 남겨도 돼.

□ **be full**	배불러서 더 이상 먹지 못하다 (구어체) I**'m full**. I can't eat any more. 배불러. 더 못 먹겠어.
□ **big eater**	평소에 많이 먹는 사람 I'm not a **big eater**. That's enough. 저 많이 안 먹어요. 그 정도면 충분해요.

04
fail 실패하다

fail · failure · not make it · get nowhere · in vain · not succeed · unsuccessful · go wrong · not work · do no good · backfire · be a disaster · flunk · bomb · go under · go bankrupt · go belly up

□ **fail**	실패하다 I **failed** to convince him. 나는 그를 설득하는 데 실패했다. Adults fear that they will **fail** to live up to expectations. *(from Life Without Limits)* 어른들은 기대에 충족된 삶을 살지 못할까 봐 두려워한다.
□ **failure**	실패 She's afraid of **failure**. 그녀는 실패할까 몹시 두려워하고 있다.
□ **not make it**	성공하지 못하다, 성취하지 못하다 (가까운 사이에서 격 없이 사용) She did**n't make it** as a singer. 그녀는 가수로 성공하지 못했다.
□ **get nowhere**	오랜 시간 열심히 노력했지만 실패하다, 도착을 위해 노력했지만 아무 곳에도 도착하지 못하다 I **got nowhere** with John. 존과 잘해보려고 애를 썼지만 결국 실패했어.
□ **in vain**	많은 노력을 기울였지만 실패한, 헛된 My efforts were **in vain**. 노력을 했지만 결국 아무런 결실을 얻지 못했다.
□ **not succeed**	성공하지 못하다, 실패하다 The strategy did**n't succeed**. 그 전략은 성공하지 못했다.
□ **unsuccessful**	성공하지 못한 He's been through two divorces and numerous **unsuccessful** efforts to rid him of his addictions. 그는 그 동안 두 번의 이혼을 겪었고 자신의 중독 증세들을 없애려고 수많은 노력을 했지만 모두 실패하고 말았다.

go wrong

어떤 일이 처음에는 잘 진행되다가 결국 실패하다
The attempt **went wrong** when they went on strike.
그 시도는 출발은 좋았지만 그들이 파업에 들어가면서 실패하고 말았다.

not work

효과를 보지 못하다, 실패하다
I tried to persuade him, but my approach did**n't work**.
나는 그를 설득하려고 노력했지만 내 접근 방법이 먹히지 않았다.

do no good

효력이 없다, 득이 되지 않다
I tried and persuaded her to change her mind, but it **did no good**.
그녀가 생각을 바꾸도록 설득하려 했지만 효력이 없었다.

backfire

역효과를 낳다
It can easily **backfire** on you.
그런 일은 역효과 나기 쉬워.

be a disaster

완전한 실패작이다
Our date **was a disaster**.
우리 데이트는 완전히 실패작이었어.

flunk

낙제하다, 시험에 떨어지다 (미국에서 격 없이 사용)
I **flunked** and did the test again.
나는 낙제를 해서 다시 시험을 쳤다.

bomb

시험을 완전히 망치다 (미국에서 격 없이 사용)
I **bombed** the test.
나 시험 완전히 망쳤어.

go under

회사나 사업체가 망하다 (격 없이 사용)
The company finally **went under**.
그 회사는 마침내 망했다.

□ **go bankrupt**	개인이나 회사가 파산하다 I bought a small company that had **gone bankrupt**. 나는 파산한 작은 회사를 샀다.
□ **go belly up**	회사나 사업체가 빚으로 인해 파산하다 I began to hear rumors that MediaTronics was **going belly up**. *(from Prey)* 나는 미디어트로닉스가 파산에 직면해 있다는 소문을 듣기 시작했다.

05
good 좋은

good · nice · great / excellent · perfect ·
marvelous / wonderful / fantastic / terrific
· amazing / incredible · brilliant · neat ·
outstanding · impressive · exceptional ·
decent · respectable · upright · virtuous ·
wholesome

good
-better-the best

좋은, 훌륭한
Is she a **good** teacher?
(from A Bend in the Road)
그녀는 훌륭한 선생님인가요?

He's really **good** to the other students.
(from A Bend in the Road)
그는 다른 학생들에게 정말 좋은 친구에요.

nice

대단히 좋은, 친절한 (구어체에서 주로 사용)
I'll make you something **nice** to eat.
(from The Distant Hours)
내가 맛있는 것 만들어줄게.

great / excellent

대단히 좋은, 훌륭한 (구어체에서 빈번히 사용)
Your husband was a **great** guy.
(from Are You Afraid of Dark)
당신 남편은 정말 대단한 남자였어요.

The place is **excellent**. Very popular.
(from Are You Afraid of Dark)
그 장소는 정말 대단해요. 아주 인기가 많죠.

perfect

완벽한
A Is everything OK for you?
B It's **perfect**! Thanks very much.
(from Can You Keep a Secret)
A 모든 일 다 잘 되고 있어?
B 완벽해! 정말 고마워.

□ **marvelous / wonderful / fantastic / terrific**	대단히 훌륭한, 대단히 멋진 (구어체) A Landon, you were **marvelous**! B Thank you. *(from a movie, A Walk To Remember)* A 랜든, 정말 끝내줬어! B 고마워. It was **wonderful** to meet you. *(from a movie, Wedding Crashers)* 만나 뵙게 되어 정말 좋았습니다. I saw her standing by the pool, and she looked so **fantastic**. *(from a movie, America's Sweethearts)* 그녀가 수영장 옆에 서있는 걸 봤어. 정말 아름다워 보였어. Ty seems like a **terrific** kid. *(from a movie, maid in manhattan)* 타이는 굉장한 아이인 것 같아요.
□ **amazing / incredible**	놀라고 흥분될 정도로 대단히 좋은 She's the most **amazing** woman I've ever met. *(from Happy Ever After)* 그렇게 멋진 여성을 만나본 적이 없어. Juniper is the most **incredible** person in the world. *(from The Distant Hours)* 세상에 주니퍼처럼 대단한 사람이 어디 있겠어.
□ **brilliant**	대단히 좋은 (구어체에서 주로 사용) I'm sure you'll be **brilliant** at it. *(from State Of The Union)* 분명히 너는 그 일을 아주 잘 해낼 수 있을 거야.

□ neat

훌륭한, 뛰어난, 멋진 (주로 미국에서 구어로 사용)
That's such a **neat** car.
저거 정말 멋진 차야.

□ outstanding

뛰어난, 대단히 좋은
A Richard, how are you?
B I'm **outstanding**. You look fabulous.
(from a TV series, Ally McBeal)
A 리차드, 잘 지내?
B 아주 잘 지내지. 너 정말 좋아 보이네.

□ impressive

특별히 좋고 인상적인
She is one of the most **impressive** name-droppers in the U.S.A.
(from Oprah)
그녀는 미국 전역에서 남의 이름을 팔고 다니는 가장 인상적인 사람이다.

□ exceptional

이례적일 정도로 우수한, 특출한
Her father was an **exceptional** man.
(from Notes On A Scandal)
그녀의 아버지는 정말 특출한 분이셨어.

□ decent

훌륭한, 품위 있는, 정직한
Can't you find a woman who can carry on a **decent** conversation?
품위 있는 대화를 나눌 수 있는 여성을 찾을 수는 없을까?

□ respectable

존경할만한, 훌륭한
The girls in the school all come from very **respectable** families.
그 학교의 여자아이들은 대단히 훌륭한 가정 출신들이다.

□ **upright**

정직한, 강직한, 규율에 어긋나지 않는
He's **upright** and hard-working.
그는 정직하고 근면하다.

□ **virtuous**

대단히 정직하고 도덕적인, 고결한
(문어체에서 주로 사용)
He wants to marry a **virtuous** young woman from a respectable family.
그는 훌륭한 가정에서 자란 정직하고 도덕적인 젊은 여성과 결혼하기를 원한다.

□ **wholesome**

행동이나 책의 내용이 건전하고 유익한
The book is **wholesome** and not at all offensive.
그 책은 건전하고 전혀 공격적이지 않다.

06
good at
~을 잘하다

be good at · proficient · capable · competent · brilliant · excellent · skillful · adept · have a good command of · talented · promising / show promise · versatile · have a knack

□ **be good at**	~을 잘하다 When I was at school I **was good at** art. 나 학교 다닐 때 미술 정말 잘했어.
□ **proficient**	능숙한, 능한 (격을 갖춘 형식적인 어휘) She's **proficient** in English. 그녀는 영어를 능숙하게 잘한다.
□ **capable**	다른 사람의 도움이나 충고 없이도 일을 잘 처리할 수 있을 정도로 유능한 He's quite **capable** of handling his money. *(from Notes On A Scandal)* 그는 자신의 돈을 아주 유능하게 잘 다룬다.
□ **competent**	고난도의 일을 잘 처리할 수 있는 기술과 지식을 갖추고 있을 정도로 유능한 The doctors and nurses in the country are qualified and **competent**. 그 나라의 의사들과 간호사들은 충분한 자격이 있음은 물론이고 대단히 유능하다.
□ **brilliant**	대단히 똑똑하고 솜씨 좋은 Have you seen him dance? He's **brilliant**. 그가 춤추는 거 봤어? 끝내줘.
□ **excellent**	뭔가를 대단히 잘하는 Jane had always been an **excellent** student. 제인은 언제나 뛰어난 학생이었습니다.
□ **skillful**	많은 훈련이나 경험을 통해 뭔가를 대단히 잘하는, 숙련된 **Skillful** and confident, Turner became the best player. 뛰어난 기술과 자신감으로 터너는 최고의 수훈선수가 되었다.

□ **adept**	주의력과 기술이 필요한 일을 아주 잘 처리하는 She's is **adept** at dealing with difficult problems. 그녀는 어려운 문제들을 다루는 능력이 아주 뛰어나다.
□ **have a good command of**	특정한 주제에 대해, 특히 언어에 대해 아주 잘 알고 잘 구사하다 He **has a good command of** English. 그는 영어를 정말 잘한다.
□ **talented**	타고난 재능이 있어서 뭔가를 아주 잘하는 He's **talented** and very enthusiastic about his job. 그는 재능이 있고 자기 일에 대해 열정적이다.
□ **promising / show promise**	유망한, 촉망되는/가능성을 보이다, 유망하다 She **shows** a lot of **promise**. 그녀는 정말 많은 가능성을 보이고 있다.
□ **versatile**	다재다능한 Few musicians are as **versatile** as he is. 그 사람만큼 다재다능한 음악인도 없어.
□ **have a knack**	주로 연습을 통해 얻어지는 특별한 기술과 재능을 갖고 있다 He **has a knack** for making money. 그는 돈 버는 특별한 재주가 있어.

07 argue 언쟁하다

argue · quarrel · fight · fall out with · be at each other's throats · clash · squabble · bicker · quibble · pick a fight · make up · bury the hatchet

☐ **argue**	언쟁하다, 다투다 Don't **argue** with me. Just do what I tell you. 나하고 말싸움 하지 마. 그냥 내가 하라는 대로 해.
☐ **quarrel**	친구 관계가 깨질 정도로 격하게 언쟁하다 Whenever they meet they always end up **quarrelling**. 그들은 만날 때마다 항상 격한 언쟁으로 끝난다.
☐ **fight**	화를 내며 격렬하게 언쟁하다 (특히 잘 아는 사람과) I don't know what's happening, but I can't **fight** anymore. (from I'll Walk Alone) 무슨 일이 일어나고 있는 건지 모르겠지만 나는 더 이상 싸울 수도 없다. What are you **fighting** over? 너희들 지금 무슨 문제로 싸우고 있는 거야?
☐ **fall out with**	서로 생각하는 바가 달라서 사이가 틀어지다 (영국에서 사용) I've **fallen out with** her. 난 그녀와 사이가 틀어졌어. 성격 차이야.
☐ **be at each other's throats**	의견이 달라 격하게 언쟁하다, 서로 으르렁거리다 They've **been at each other's throats** for so long. 그들은 오랫동안 서로 으르렁거려왔다.
☐ **clash**	특정한 주제에 대해 서로 언쟁하다, 충돌하다 They **clashed** over unemployment. 그들은 실업문제로 서로 충돌했다.
☐ **squabble**	중요하지 않은 일로 시끄럽게 옥신각신하다 (아이들 사이에서, 또는 애 같은 어른들 사이에서) Stop **squabbling**. 하찮은 일로 티격태격 좀 하지 마.

Part 02 독해력 강화를 위한 확장어휘

□ **bicker**	다른 사람이 짜증날 정도로 사소한 일로 계속 언쟁하다 You two are **bickering** again. 너희 둘 또 그런 일로 계속 다투는 거니?
□ **quibble**	사소한 일로 짜증나게 언쟁하다 (특히 정확성에 대해서) Are you **quibbling** over whose turn it is to buy dinner? 너희들 지금 저녁 살 차례가 누군가로 다투고 있는 거야?
□ **pick a fight**	상대를 화나게 하는 말을 하며 의도적으로 싸움을 걸다 He's always **picking fights**. 쟤는 늘 싸움을 걸어.
□ **make up**	화해하다 They finally have **made up**. 그들은 마침내 화해를 했어.
□ **bury the hatchet**	오래 전에 시작되었던 언쟁을 멈추고 서로 용서하다, 화해하다 They **buried the hatchet** after all these years. 그들은 오랜 세월 계속되었던 언쟁과 갈등을 멈추고 서로 화해했다.

08
ashamed
부끄러운

ashamed · humiliated · humiliating ·
degrading · shame · disgrace · indignity
· lose face · stigma · shameless ·
unabashed · brazen · unrepentant

ashamed

부끄러운, 창피한
After the game, Woody was too **ashamed** to look at the others.
(from Morning Noon & Night)
그 시합이 끝난 후 우디는 너무 창피해서 다른 사람들을 똑바로 쳐다볼 수가 없었다.

humiliated

굴욕감을 느끼는
I've never been so **humiliated** in my life.
살면서 그렇게 굴욕감을 느껴본 적이 없어.

humiliating

굴욕감을 느끼게 하는, 굴욕적인
It was so **humiliating**.
그건 정말 굴욕적인 일이었다.

degrading

수준을 떨어뜨리는, 비하하는
His remark was **degrading** to women.
그의 말은 여성들을 비하하는 말이었다.

shame

수치심, 창피
He was blushing with **shame**.
그는 창피해서 얼굴이 빨개졌다.

disgrace

망신, 수치
She couldn't bear the **disgrace** of the scandal.
그녀는 그 스캔들로 당한 망신을 견딜 수 없었다.

indignity

수모, 치욕, 모욕
He suffered insult and **indignity**.
그는 모욕과 수모를 당했다.

lose face

체면을 잃다
He **lost face** among his supporters.
그는 지지자들 사이에서 체면을 잃었다.

□ **stigma**	오명 I found the **stigma** very difficult to cope with. 나는 그 오명을 견디어내기 정말 힘들었다.
□ **shameless**	창피한 줄 모르는, 파렴치한 You're **shameless**. You're making promises you don't intend to keep. 이런 나쁜 놈. 넌 지금 지킬 생각이 전혀 없는 약속을 하고 있는 거잖아. What a **shameless** attempt! 어쩜 그런 파렴치한 행위가 다 있어!
□ **unabashed**	무안해하거나 당황하지 않고 뻔뻔스럽게 자기 뜻대로 행동하는, 파렴치한 He's a **unabashed** sexist. 그는 파렴치한 성차별주의자이다.
□ **brazen**	뻔뻔한 As time went by, they grew more **brazen**. 시간이 흐르면서 그들은 점점 더 뻔뻔해졌다.
□ **unrepentant**	자신의 행동을 부끄러워하지 않는, 수치스러운 줄 모르는 Even after the accident, he remained **unrepentant**. 그 사고가 있은 후에도 그는 여전히 자신의 행동을 부끄러워하지 않았다.

09 energetic

에너지 넘치는

energetic · full of energy · active · dynamic
· tireless · hyperactive · boisterous · lively
· vivacious · full of life · full of beans ·
vigorous · vital

☐ **energetic**	에너지 넘치는, 정력적인, 대단히 활동적인 She's a bustling, **energetic** woman. 그녀는 활기차고 대단히 활동적인 여성이다.
☐ **full of energy**	에너지가 가득한, 대단히 활동적인 You'll find him **full of energy** and excitement. 그는 대단히 활동적이고 흥에 겨운 사람임을 알게 될 거야.
☐ **active**	활동적인, 뭔가를 늘 하고 있는 God plays an **active** role in human affairs. *(from The Social Animal)* 하나님이 인간의 일에 적극적으로 개입하고 있다.
☐ **dynamic**	대단히 정력적인, 성공에 대한 집념과 새로운 아이디어로 충만한 She's a **dynamic** woman with big ambitions. 그녀는 큰 야망을 가진 정력적인 여성이다.
☐ **tireless**	지칠 줄 모르는 He's a **tireless** worker. 그는 일하는데 지칠 줄 모른다.
☐ **hyperactive**	과하게 활동적인, 쉼 없이 움직이는 Children are **hyperactive**. 아이들은 지나치게 활동적이다.
☐ **boisterous**	다른 사람을 짜증나게 할 정도로 힘차게 움직이는 (아이들에게 사용) He's a nice boy, but rather **boisterous**. 그 애는 참 괜찮은데 짜증날 정도로 부산해.
☐ **lively**	활기 넘치는, 적극적인 He's a **lively** child. 그 애는 참 활기찬 아이야.

□ **vivacious**

대단히 활동적인 (여자가)
I'd like to marry a **vivacious** girl.
나는 아주 활동적인 여자와 결혼하고 싶어.

□ **full of life**

원기 왕성한
He has been a cheerful, confident man, **full of life**.
그는 쾌활하고 자신감이 넘치며 원기 왕성한 사람이야.

□ **full of beans**

활력이 넘치는, 원기 왕성한 (격 없이 사용)
I like her to be **full of beans**.
나는 그녀가 원기 왕성한 게 참 좋다.

□ **vigorous**

에너지 넘치는, 격렬한, 활발한
Vigorous exercise reduces the risk of sudden death.
(from New York Times)
격한 운동은 갑작스런 죽음의 위험을 줄여준다.

□ **vital**

활력이 넘치는 (매력적인 모습으로)
The two have been bitter rivals, **vital** partners.
(from Fortune)
둘은 그 동안 격렬한 라이벌 관계였으며 서로에게 적극적이고 활력 넘치는 파트너였다.

10 expensive
비싼

expensive · cost a lot (of money) ·
high · costly · pricey · cost a fortune ·
astronomical · cost an arm and a leg ·
fancy · can't afford · steep

| □ expensive | 비싼
Maybe it isn't as **expensive** as we think.
(from Twenties Girl)
아마도 그건 우리가 생각하는 것만큼 비싸지 않은 것 같아. |

| □ **cost a lot (of money)** | 비싸다, 비용이 많이 들다 (구어체)
It **costs a lot of money** to study abroad.
유학 하는 것은 비용이 많이 든다. |

| □ **high** | 고가의, 비용이 많이 드는
Rents in Korea are very **high**.
한국에서 집세는 매우 높다. |

| □ **costly** | 돈을 낭비한다는 느낌이 들 정도로 비싼
It's a **costly** procedure.
그 절차에는 돈이 필요 이상으로 많이 든다. |

| □ **pricey** | 값비싼 (격 없이 사용)
I like the bag, but it's very **pricey**.
그 가방 마음에 드는데 너무 비싸. |

| □ **cost a fortune** | 대단히 비싸다 (격 없이 사용)
The clothes must have **cost a fortune**.
그 옷 정말 비싸게 주고 샀을 거야. |

| □ **astronomical** | 천문학적인, 어마어마한
The cost of living is **astronomical**.
생활비가 정말 천문학적이야. |

| □ **cost an arm and a leg** | 매우 비싼 (구어체)
The cosmetics **cost an arm and a leg**.
그 화장품 가격이 정말 엄청나. |

☐ **fancy**	집, 자동차, 호텔, 식당 등이 값비싸고 유행에 민감한 I stayed in a **fancy** hotel in New York. 나는 뉴욕에 있는 비싼 호텔에서 머물렀다.
☐ **can't afford**	너무 비싸서 뭔가를 사거나 지불할 수 없다 I **can't afford** a lawyer. 난 변호사를 살 돈이 없어. I **can't afford** to buy a car. 자동차가 너무 비싸서 나는 살 돈이 없어.
☐ **steep**	놀랄 정도로, 터무니 없이 비싼 I can't deal with the **steep** rents. 나는 그 비싼 집세를 감당할 수가 없어.

11
brave 용감한

brave · courageous · daring · fearless ·
bold · intrepid · have guts

□ **brave**	용감한 He has done something **brave**. 그는 용감한 행동을 했다.
□ **courageous**	상당한 기간 동안 대단히 용감한 (문어체 어휘) I can't forget his **courageous** stand against inequality and injustice. 나는 불평등과 부당함에 대한 그의 용감한 저항을 잊을 수 없다.
□ **daring**	위험을 두려워하지 않을 만큼 대담한 He tried to prove how **daring** he was. 그는 자기 자신이 얼마나 대담한지를 증명하기 위해 애썼다.
□ **fearless**	두려움을 모르는 He expressed **fearless** opposition to the military dictatorship. 그는 군부독재에 두려워하지 않고 강력하게 대항했다.
□ **bold**	위험을 감수하고서도 기꺼이 어려운 결정을 내리거나 할 말을 할 정도로 대담한, 용감한 He was **bold** in confronting them. 그는 용감하게도 그들에게 따졌다.
□ **intrepid**	기꺼이 위험한 행위를 하거나 위험한 장소에 갈 정도로 용감한 (문어체에서 사용) He's an **intrepid** traveler. 그는 위험한 곳을 마다하지 않고 찾아가는 용감한 여행객이다.
□ **have guts**	용기 있다 (격 없이 사용) I know she **has guts**. 나는 그녀가 용기 있다는 사실을 잘 알고 있어.

12 persistent

끈질긴

persistent · determined · stubborn · single-minded · tough · firm · resolute · tenacious

persistent	끈질긴, 집요한 'Can't you just take a message?' 'I've tried that, but she's **persistent**. She keeps asking to be put on hold until you have a minute.' *(from Message in a Bottle)* '그냥 메모 받아둘 순 없어?' '그러려고 했는데 어찌나 고집이 센지 말이야. 네가 시간 될 때까지 계속 대기하고 있겠다고 사정이야.'
determined	단호한, 단단히 결심한 I was **determined** to get my act together. *(from State Of The Union)* 나는 자세를 가다듬어 제대로 한 번 해보겠다고 결심을 단단히 했다.
stubborn	고집을 꺾지 않고 완고한, 고집스러운 He sounded **stubborn** now, and determined. *(from Unfinished Business)* 그의 말은 지금 고집스러운데다 단호하게까지 들렸다.
single-minded	외골수의 I want you to work with **single-minded** determination. 난 네가 외골수의 단호함으로 일해주길 바라.
tough	강인한, 굳센, 상황이 힘들어도 성공의 다짐이 강한 She's **tough** and hard and ironlike and all those scary qualities. *(from Twenties Girl)* 그녀는 강인하고 용감하며 무쇠처럼 강한데다 무서운 특징들을 갖고 있다.
firm	확고한, 흔들리지 않는 This country needs **firm** leadership. 이 나라는 확고한 리더십이 필요하다.

□ **resolute**	강한 믿음과 목표가 있어서 단호한, 확고한 (격 있는 어휘) You sound **resolute**. 말씀하시는 게 아주 단호하시군요.
□ **tenacious**	집요한, 포기를 거부하며 완강한 Lung cancer is one of the **tenacious** forms of cancer. 폐암은 집요한 암 중의 하나이다.

13 confused

혼란스러운

confused · puzzled · perplexed · baffled · bewildered · bemused

confused

혼란스러운, 혼란스러워하는
He was more than a little **confused** by my decision.

(from Twilight)

그는 내 결정에 적지 않게 혼란스러워했다.

puzzled

예상과 달라서 어리둥절해 하는, 얼떨떨한
She looked **puzzled** when they laughed.
그들이 웃음을 터뜨리자 그녀는 어리둥절한 표정이었다.

perplexed

당혹스러운 (격 있는 어휘)
Walking back to One Fifth, Philip was relieved and then **perplexed**.

(from One Fifth Avenue)

One Fifth로 돌아가면서 필립은 안도했고 그리고 나서는 당혹스러웠다.

baffled

매우 혼란스러워하는, 아주 당황한
If he wasn't confused before, he was completely **baffled** now.

(from The Last Song)

그가 전에는 혼란스러워하지 않았다면 지금은 혼란 그 자체였다.

bewildered

흔치 않고 전혀 예상 밖의 일에 대단히 당황하고 놀란
He looked genuinely **bewildered**.

(from The Vampire Diaries)

그는 대단히 당황하고 놀란 표정이었다.

bemused

당황하고 놀라서 어리벙벙한
He was sitting there with a **bemused** expression.
그는 놀라서 어리벙벙한 표정으로 그곳에 앉아 있었다.

14
admit
마지못해 인정하다

admit · concede · acknowledge ·
confess · own up · fess up

admit

마지못해 인정하다
I want it **admitted** as evidence.
(from A Bend in the Road)
그게 증거로 인정받았으면 좋겠어.

I hate to **admit** it.
(from State Of The Union)
난 그건 정말 인정하기 싫어.

concede

속으로는 아니기를 바라지만 실제로는 뭔가가 사실이거나 옳음을 인정하다 (격 있는 어휘)
Even you had **conceded** that Kevin was 'a little antagonistic' toward his sister.
(from We Need To Talk About Kevin)
너도 케빈이 자기 누나에게 '약간 적대적이라는' 사실을 인정했잖아.

acknowledge

뭔가가 사실임을 인정하다
She **acknowledged** that she was guilty.
그녀는 자기가 유죄임을 인정했다.

confess

자백하다, 인정하다
He was surprised to learn his client had already **confessed**.
(from The Racketeer)
그는 자기 고객이 이미 자백했다는 사실을 알고 놀랐다.

own up

자신의 잘못을 인정하다
He was too frightened to **own up** to his mistake.
그는 너무 두려워서 자신의 실수를 인정하지 않았다.

fess up

잘못을 인정하다, 자백하다 (미국에서의 격 없는 어휘)
Fess up. I know something is wrong with this project.
어서 불어. 이 프로젝트 뭔가 이상해.

15 cry 울다

cry · cry one's eyes out · in tears · be close to tears · weep · sob · wail · whimper · hold / fight back the tears · burst into tears · break down

□ **cry**	울다, 눈물을 흘리다 I steeled myself not to **cry** whatever Quentin said, because I made it a rule never to cry in public. *(from The Little Lady Agency)* 나는 퀸틴이 무슨 말을 하던지 울지 않겠다고 마음을 단단히 먹었다. 사람들이 많은 데서 절대로 울지 않기로 했기 때문이다.
□ **cry one's eyes out**	오랫동안 많이 울다 (구어체 표현) I **cried my eyes out** when I watched the movie. 난 그 영화를 보고 한참을 울었어.
□ **in tears**	울다 The story made them all **in tears**. 그 이야기를 듣고 모두들 울었다.
□ **be close to tears**	금방이라도 울 것 같다 Don't talk to her. She**'s close to tears**. 걔한테 말 걸지 마. 금방이라도 울 것 같아.
□ **weep**	오랫동안 눈물 흘리다 (격 있는 문어체 어휘) I threw myself against his shoulder and started to **weep**. *(from The Pursuit Of Happiness)* 나는 그의 어깨에 기대어 울기 시작했다.
□ **sob**	흐느껴 울다 'It's all my fault!' she gasped, and began to **sob**. *(from We Need To Talk About Kevin)* '다 내 잘못이야!' 그녀는 말을 제대로 잇지 못하며 흐느끼기 시작했다.

□ **wail**	울부짖다, 통곡하다	
	He called her and **wailed** into the phone.	
	그는 그녀에게 전화를 걸어 수화기를 통해 통곡했다.	

□ **whimper**	훌쩍이다, 훌쩍이며 말하다
	He **whimpered** and ran in the other direction.
	그는 훌쩍이며 다른 방향으로 뛰어갔다.

□ **hold / fight back the tears**	울음을 참다
	She was struggling to **hold back the tears**.
	그녀는 눈물을 참으려고 무진 애를 쓰고 있었다.

□ **burst into tears**	갑자기 울음을 터뜨리다
	If you **burst into tears**, go to bed. If you're still crying after you wake up, call me.
	갑자기 눈물이 터지면 자도록 해요. 아침에 눈을 떴는데도 여전히 눈물이 나오면 저한테 전화를 하세요.

□ **break down**	계속 참다가 감정을 주체하지 못하고 울음을 터뜨리다
	While talking to him, she **broke down** and cried.
	그와 이야기를 하다가 그녀는 감정을 주체하지 못하고 울음을 터뜨렸다.

16
dangerous
위험한

dangerous · risky · hazardous · unsafe · treacherous · perilous

dangerous

위험한
This was a **dangerous** subject, so we fell silent again.
(from The Museum of Innocence)
이것은 다루기 위험한 주제라서 우리는 또 다시 침묵했다.

risky

나쁜 일이 일어날 것 같아서, 또는 금방이라도 실수를 저지를 것 같아서 위험한
'It seems kind of **risky**. What if he had to take a radio call? The whole plan would go down the drain.'
(from Trunk Music)
그건 좀 위험한 것 같아. 만일 그가 무선호출을 받아야 한다면 어떻겠어? 모든 계획은 수포로 돌아가겠지.

hazardous

건강이나 안전에 유해한, 위험한 (문어체 어휘)
Looks like working for Meredith Johnson can be **hazardous** to your job.
(from Disclosure)
상황을 보아하니 메러디스 존슨 밑에서 일하는 건 네가 하는 일 자체를 위험에 빠뜨릴 수도 있겠어.

unsafe

안전하지 않은, 위험한
I can't stand the **unsafe** working conditions.
안전하지 않은 근로환경이 정말 너무 싫어.

treacherous

장소나 상황이 걷거나 운전하는 사람에게 매우 위험한 (문어체 어휘)
With no lighting, the roads are **treacherous**.
조명 시설이 없어서 길이 매우 위험하다.

perilous

여행, 상황이 대단히 위험한 (문어체 어휘)
Americans once again see the world as increasingly **perilous**.
(from USA TODAY)
미국인들은 다시 한번 세계가 점점 위험해지고 있다고 생각한다.

Part 02 독해력 강화를 위한 확장어휘 223

17
cruel 잔인한

cruel · heartless · vicious · brutal
· inhumane · cold-blooded ·
callous · harsh · ruthless

□ cruel

잔인한
Since Flossie was ninety-three, Enid felt it would be **cruel** to avoid her.
(from One Fifth Avenue)
플로시는 93세였기 때문에 에니드는 그녀를 피하는 건 잔인한 짓이라고 생각했다.

□ heartless

무정한, 비정한
How could you be so **heartless**!
넌 어쩜 그렇게 무정할 수 있니?

□ vicious

갑자기 공격해 상대에게 상처 입힐 정도로 매우 폭력적이고 잔인한, 포악한
See life as a **vicious** competition.
(from 7 Habits of Highly Effective People)
삶을 잔인한 경쟁으로 보라.

□ brutal

인간적인 면이 전혀 느껴지지 않을 정도로 매우 폭력적이고 잔인한
He's a **brutal** dictator.
그는 정말 폭력적이고 잔인한 독재자야.

□ inhumane

비인간적인, 잔혹한
That's barbaric, absolutely **inhumane**.
그건 폭력적이고 완전 잔인하고 비인간적이야.

□ cold-blooded

냉혹한, 냉혈의
He's far from **cold-blooded**.
그는 절대로 냉혈한이 아니야.

□ callous

타인의 감정은 무시하고 냉담하며 잔인한
How could they be so **callous**?
그들은 어쩜 그렇게 냉담하고 잔인할 수 있을까?

□ **harsh**

비난, 대우, 또는 처벌이 혹독하고 잔인한
She was sent off to a **harsh** boarding school where she ate terrible food and was humiliated by the other girls because she was sickly and clumsy.

(from Portrait Of A Killer)

그녀는 혹독한 기숙학교로 보내졌고 그곳에서 형편없는 음식을 먹었으며 병약하고 행동이 어설프다는 이유로 다른 여자아이들에게 모욕을 당했다.

□ **ruthless**

자신이 원하는 것을 얻기 위해서 다른 사람에게 피해주는 것도 서슴지 않을 정도로 무자비한, 인정사정 없는
He's **ruthless** in his ambition.
그는 자신의 야망을 이루기 위해서는 무자비할 정도이다.

18 decrease
감소하다

decrease · go down · decline · diminish
· fall / drop · plunge / plummet · slide ·
dwindle

☐ **decrease**	줄다, 감소하다, 줄이다, 감소시키다 The number of people who have cancer has **decreased** significantly. 암에 걸리는 사람들의 숫자가 상당히 줄어들었다.
☐ **go down**	감소하다, 낮아지다, 줄어들다 (격 없는 구어체 어휘) Unemployment has **gone down**. 실업률이 그 동안 낮아졌다.
☐ **decline**	줄어들다, 감소하다 (격 있는 어휘) Support for the government is steadily **declining**. 정부에 대한 지지가 지속적으로 줄어들고 있다.
☐ **diminish**	크기가 작아지거나 정도가 줄어들다, 작게하다, 줄이다 With time, such resistance will **diminish**. 시간이 가면서 그런 저항은 줄어들 거야.
☐ **fall / drop**	많은 양이 떨어지다, 줄어들다 (격 없는 어휘) At night, the temperature will **drop** to minus 5 degrees. 밤에 기온이 영하 5도로 떨어질 겁니다.
☐ **plunge / plummet**	아주 많은 양이 갑자기 빠른 속도로 떨어지다 The company's profits **plunged** 50%. 회사 이익이 50% 급락했다.
☐ **slide**	가치가 서서히 떨어지다, 미끄러지다 Stocks **slide** a further 5%. 주가가 5% 더 떨어졌다.
☐ **dwindle**	점점 줄어들거나 작아지다 My money is **dwindling** away. 내 돈이 점점 줄어들고 있어.

19 destroy 파괴하다

destroy · devastate · demolish · wreck ·
trash · obliterate · ruin

☐ **destroy**	파괴하다 That could absolutely **destroy** my reputation. *(from Special Delivery)* 그게 내 명성을 완전히 망쳐놓을 수도 있겠어.
☐ **devastate**	큰 지역을 아주 심하게 파괴하다 The city was **devastated** by the bomb. 그 도시가 그 폭탄으로 심하게 파괴되었다. The economy has been **devastated**. 경제가 그 동안 심하게 타격을 받았다.
☐ **demolish**	건물을 완전히 무너뜨리다 The building was **demolished** in the fire. 그 건물은 불에 완전히 무너졌다.
☐ **wreck**	건물이나 차량을 복구시킬 수 없을 정도로 파괴하다 Are you afraid I'll **wreck** the car? *(from The Museum of Innocence)* 너 내가 차를 부술까 봐 걱정돼?
☐ **trash**	방에 있는 많은 물건을 의도적으로 부수다 (격없는 어휘) The place got **trashed**. 그 장소는 안에 있는 물건들이 파괴되고 엉망이 되었다.
☐ **obliterate**	아무것도 남아 있지 않을 정도로 어느 장소를 완전히 부수어 없애다 (격 있는 어휘) Hiroshima was nearly **obliterated** by the atomic bomb. 히로시마는 원자폭탄으로 인해 거의 완전히 파괴되었다.
☐ **ruin**	뭔가를 완전히 엉망으로 만들다 The scandal **ruined** his life. 그 스캔들로 인해 그의 삶은 엉망이 되었다. It may **ruin** your appetite. 그것 때문에 네 입맛이 떨어질 수도 있어.

20 disappear
사라지다

disappear · vanish · go away · fade away ·
melt away · die out · become extinct

disappear

사라지다
She **disappeared** into the back, and a minute later, Doris emerged, wiping her hands on her apron.
(from True Believer)
뒤로 사라졌다가 잠시 후에 도리스는 앞치마에 손을 닦으며 나타났다.

vanish

갑자기 사라지다 (설명할 수 없는 방법으로)
Sydney **vanished** out the door. Alexa wilted in her seat. She put her arms on the table and laid her head on them. 'I need a nap.'
(from Dating A Cougar)
시드니는 문 밖으로 사라졌다. 알렉사는 앉은 자리에서 지쳐있었다. 그녀는 손을 테이블 위에 놓고 그 위에 머리를 올려 놓았다. '잠깐 눈 좀 붙여야겠네.'

go away

문제나 고통이 사라지다
My headache has **gone away**.
두통이 사라졌어.

fade away

점차적으로 약해지다가 결국 사라지다
His anger didn't **fade away**.
그의 화는 좀처럼 사라지지 않았다.

melt away

감정이나 사람들이 점차적으로 사라지다 (문어체 어휘)
My initial excitement has **melted away**.
내가 초반에 느꼈던 흥분이 점차적으로 사라졌어.

die out

점차적으로 드물어지다가 결국 완전히 사라지다
(동물, 식물, 병, 또는 관습이)
The disease has almost **died out**.
그 병은 거의 사라졌다.

become extinct

동물이나 식물이 멸종되다
Dinosaurs **became extinct** a long time ago.
공룡은 오래 전에 멸종되었다.

21
decide 결정하다

decide · make up one's mind · choose to do · make a decision · resolve

□ **decide**	결정하다 When the whole extent of the conspiracy finally dawned on him, he **decided** to withdraw all charges against Salander. <p align="right">(from The Girl Who Kicked the Hornets' Nest)</p>음모의 전체 범위가 마침내 분명해지자 그는 자신이 슬랜더를 상대로 냈던 모든 기소를 철회했다.
□ **make up one's mind**	오랫동안 생각한 후 마음의 결정을 내리다 Worried, he **made up his mind** to hire a private detective so he could keep track of his daughter's daily life. <p align="right">(from Where Would I Be Without You?)</p>걱정하면서, 그는 사설탐정을 고용하여 딸의 일상생활을 파악해 보기로 마음 먹었다.
□ **choose to do**	뭔가를 하겠노라고 선택하여 결정하다 I'd left a list of questions for him, which he **chose to** ignore. <p align="right">(from The Last Juror)</p>나는 그를 위해 질문 리스트를 만들어 두고 왔는데, 그는 그것을 전혀 거들떠 보지도 않았다.
□ **make a decision**	아주 중요한 문제를 오랫동안 생각한 후에 결정하다 I pray for my children. That they stay safe and **make good decisions**. <p align="right">(from The Interruption of Everything)</p>저는 제 아이들을 위해서 기도합니다. 늘 안전하기를, 그리고 항상 심사숙고 해서 좋은 결정을 내리기를.

□ **resolve**

뭔가를 하기로 단호하게 결심하다, 결정하다
(격 있는 어휘)

He **resolves** to publish the article. He has the power to. And he will.

(from The Imperfectionists)

그는 그 글을 신문에 싣기로 결정한다. 그는 그럴만한 힘이 있다. 그리고 그는 아마 그렇게 할 것이다.

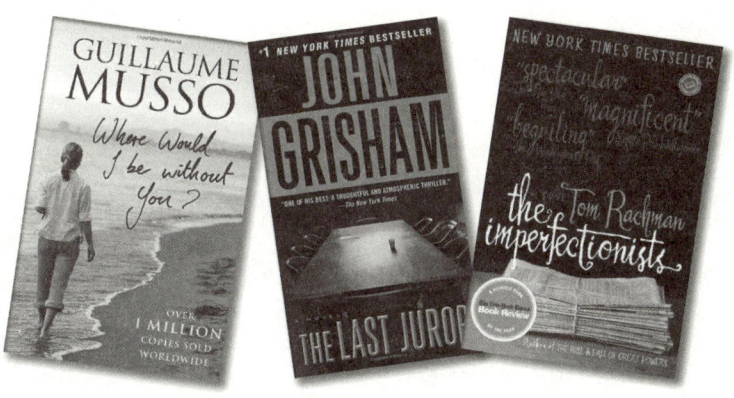

22
control 지배하다

control · run · be in charge of · manage ·
be in power · supervise

□ **control**	지배하다, 통제하다 I don't think your mom would want you beating yourself up over something you can't **control**. *(from Anna and the French Kiss)* 난 통제할 수 없는 일로 네가 너무 심하게 자학하는 것을 너의 엄마가 원치는 않을 거라 생각해.
□ **run**	매일 중요한 결정을 내리며 운영하다 Who is it that **runs** the company? 그 회사를 운영하는 게 누구야?
□ **be in charge of**	~을 맡아서 책임지고 운영하다 Abberline, who **was in charge of** the case, searched the room. *(from Portrait Of A Killer)* 그 사건을 책임지고 있는 애벌린은 그 방을 뒤졌다.
□ **manage**	다른 사람 소유의 회사나 조직을 맡아서 운영하다 He's going to run for Congress in the next election. I'm going to **manage** his campaign. *(from Sweet Hush)* 그는 다음 선거에서 국회의원에 입후보할 예정이야. 그 캠페인은 내가 운영할 거고.
□ **be in power**	권력을 쥐다, 정권을 쥐다 Men in power **are** always interested **in** greater **power**. *(from Lost Symbol)* 권력을 쥔 사람들은 항상 더 큰 권력에 관심을 둔다.
□ **supervise**	감독하다, 지휘하다 I have an inspection to **supervise** and you have a boyfriend to make up with. *(from Little Lady, Big Apple)* 나는 감독해야 할 조사가 있고 너는 화해해야 할 남자친구가 있잖아.

Part 02 독해력 강화를 위한 확장어휘 **237**

23
boring 지루한

boring · not very interesting · dull ·
tedious · monotonous · mundane ·
humdrum · dry

☐ **boring**	지루한, 재미없는 Don't ever get married, Janey, or at least not before you absolutely have to. It's too **boring**. *(from Trading Up)* 제이니, 넌 결혼하지 마. 아니면, 적어도 꼭 결혼해야만 할 때가 아니면 하지 마. 결혼은 너무 재미없고 지루해.
☐ **not very interesting**	그다지 재미없는, 지루한 (일상생활에서 우회적으로 사용) The story is**n't very interesting**. 그 이야기는 그다지 재미없어.
☐ **dull**	따분한, 재미없는 (문어체 어휘) Funny, I used to find snooker a little **dull**. But now I'm starting to get it. *(from The Post-Birthday World)* 이상하게도, 전에는 스누커(당구게임)가 따분하고 재미없었다는 거야. 그런데 지금은 그걸 제대로 이해하기 시작했어.
☐ **tedious**	대단히 지루하고 오랫동안 지속되는 The task is so **tedious** that I don't want to do it. 그 일은 너무 지루해서 하고 싶지 않아.
☐ **monotonous**	단조로워서 지루한 His work is **monotonous**. 그가 하는 일은 단조롭고 지루하다.
☐ **mundane**	일상적이고 재미없거나 흥분되지 않는 Todd Jacobs dreamed of starting his own computer software business, but when he and Amy got married, he took a **mundane** job. *(from Your Best Life Now)* 토드 제이콥스는 자신의 컴퓨터 소프트웨어 비즈니스를 시작할 꿈을 꾸었으나 에이미와 결혼했을 때 그는 일상적이고 재미없는 일을 선택했다.

□ **humdrum**

지루하고 일상적인, 단조로
The average stock mutual fund had a **humdrum** first quarter – and that's not a bad thing.
(from USA TODAY)
보통 증권 뮤추얼펀드는 단조로운 1/4분기를 보냈다 – 그런데 그게 나쁜 것은 아니다.

□ **dry**

대단히 진지하고 유머가 없어서 지루한, 건조한
The lecture was **dry** and uninspiring.
그 강의는 건조하고 활기차지 못했다.

24
afraid

두려워하는

afraid · frightened · scared · alarmed ·
panicked · terrified · fearful

□ **afraid**	두려워하는, 겁내는 (격 있는 어휘) I was crying more than I wanted, **afraid** of upsetting Clementine. *(from Let's Take the Long Way Home)* 나는 내가 원했던 것보다 훨씬 더 눈물을 흘렸다. 클레멘타인의 마음을 상하게 할까 봐 두려워하면서.
□ **frightened**	다칠까 봐, 또는 안 좋은 일이 생길까 봐 겁먹은, 무서워하는 **Frightened**, Charlie threw down his wallet and began to run. *(from Tuesdays with Morrie)* 겁에 질린 상태에서 찰리는 자기 지갑을 집어 던지고 달리기 시작했다.
□ **scared**	무서워하는, 두려워하는 (특히 구어체 어휘) I think before that night I was a bit **scared** of her. *(from Slam)* 지금 생각해보면 그 날 밤 이전에는 내가 그녀를 좀 두려워했던 것 같다.
□ **alarmed**	불안해하는, 두려워하는 They were **alarmed** by the increase in pollution. 그들은 오염이 증가해서 두렵고 불안했다.
□ **panicked**	두려움에 사로잡혀 생각, 판단, 행동이 정상적이지 않은, 겁에 질린, 공황상태에 빠진 When eleven p.m. arrived, I was worried. By midnight, I was scared. By one a.m., totally **panicked**. *(from The Woman In The Fifth)* 밤 11시가 되었을 때 나는 걱정되었다. 12시가 되었을 때 나는 무서웠고, 새벽 1시에는 완전히 공황상태에 빠졌다.

□ **terrified**

대단히 두려워하는
She's **terrified** of heights.
그녀는 고소공포증이 심하다.

□ **fearful**

안 좋은 일이 생길까 봐 두려워하는, 걱정하는
(격 있는 어휘)
There were small shops on both sides of the street, and Lantz moved carefully, his eyes searching everywhere, **fearful** that Neusa might see him before he saw her.

(from Windmills of the Gods)

거리 양 옆에는 작은 상점들이 줄지어 있었고 랜츠는 조심스럽게 움직이며 그의 눈으로 사방팔방을 뒤지고 있었다. 자기가 네우사를 보기 전에 그녀에게 들킬까 봐 두려워서였다.

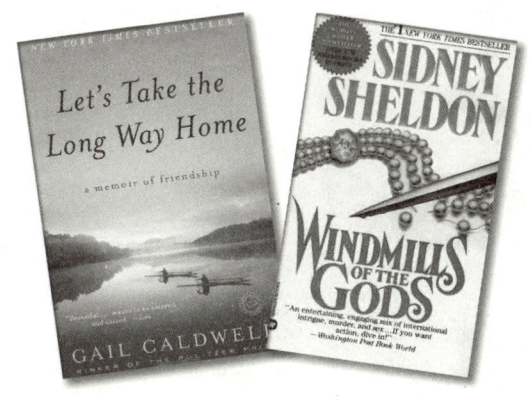

25
accept 받아들이다

accept · take · say yes · agree · jump at the chance · go with · embrace · give in · bow to · accede to · cave in · put up with · tolerate · approve

☐ **accept**	제안, 초대, 요구, 사실 등을 받아들이다, 인정하다 I could do nothing but sit here and **accept** the fact that I could do nothing but sit here. *(from The Woman In The Fifth)* 나는 여기 앉아서 내가 여기 앉아 있는 것 이외에는 할 수 있는 게 아무 것도 없다는 사실을 인정할 수 밖에 없었다.
☐ **take**	기회나 제안, 일 등을 받아들이다, 잡다 All you have to do is to **take** the opportunity. 넌 그저 그 기회를 잡기만 하면 돼.
☐ **say yes**	요구나 초대를 받아들이다, 동의하다 (구어체에서) He **said yes** to their proposal. 그는 그들의 제안을 받아들였다.
☐ **agree**	어렵고 불편한 일이지만 받아들이다, 동의하다 He'd called again, asked for a second chance, and after some persistence, she'd reluctantly **agreed**. *(from The Notebook)* 그는 다시 전화해서 다시 한번 기회를 달라고 부탁했고 그녀는 버티다가 결국은 마지못해 그의 생각을 받아들였다.
☐ **jump at the chance**	제안을 적극적으로 잡다, 받아 들이다 She **jumped at the chance** to study abroad. 그녀는 유학의 기회를 적극적으로 잡았다.
☐ **go with**	계획이나 제안을 적극적으로 받아 들이다 (특히 구어체에서) I think we should **go with** his idea. 저는 우리가 그의 생각을 적극적으로 받아들여야 된다고 생각합니다.

embrace

아이디어나 의견을 적극적으로 받아들이다
(격 있는 어휘)
They were liberals prepared to **embrace** the new world and abandon the old ways!

(from Angels & Demons)

그들은 새로운 세계를 적극적으로 수용하고 낡은 방법을 버릴 준비가 되어 있는 자유주의자들이었다!

give in

마지못해 상대방의 요구를 받아들이다
Why fight it? You've lost before you've begun. **Give in** now and it won't hurt so much.

(from The Vampire Diaries)

왜 거기에 맞서 싸우려고? 시작하기도 전에 진 게임이야, 이건. 지금 포기해. 그런다고 크게 손해 보는 건 없으니까.

bow to

스스로 원치 않지만 많은 사람이 원하기 때문에 그렇게 하겠다고 마지못해 인정하다, 받아들이다
The government finally **bowed to** public opinion.

정부는 마침내 대중들의 의견을 받아들였다.

accede to

상대의 요구를 받아들이다 (격 있는 어휘)
They have finally **acceded to** his demands.

그들은 마침내 그의 요구에 응했다.

cave in

마침내 굴복하다
I don't want to be seen to be **caving in**.

내가 마치 굴복하는 것처럼 보이는 건 싫어.

put up with

짜증나는 상황이나 행동, 그리고 짜증나게 하는 사람을 그냥 참고 받아들이다
Why would anyone in their right mind **put up with** it?

(from Doctors)

정신이 제대로 박힌 사람이라면 그걸 왜 그냥 참고 넘어가겠어?

□ tolerate

불편한 상황을 참고 받아들이다 (문어체 어휘)
I've always been the bad boy, but they've **tolerated** me because I'm so talented.

(from The Firm)

나는 언제나 악동이었다. 하지만 그들은 나를 참고 받아들였다. 내게 대단한 재능이 있었기 때문이었다.

□ approve

공식적으로 인정하고 받아들이다
A judge had to **approve** it, so there must be an element of legitimacy in it.

(from The Rainmaker)

판사가 그것을 인정하고 받아들여야만 했어. 그러니 그 안에는 합법적인 요소가 포함되어 있어야 되는 거라고.

26
accuse 고발하다

accuse · allege · confront · charge ·
prosecute · indict · impeach · defendant ·
be on trial

☐ **accuse**	고발하다, 기소하다, 비난하다 I was also **accused** of helping Barry hide money from the FBI, the IRS, and others. *(from The Racketeer)* 나는 또한 배리가 FBI, IRS, 그리고 다른 곳들로부터 받은 돈을 숨기는 데 도움을 주었다고 기소됐다.
☐ **allege**	증거는 없지만 누군가의 잘못을 공공연하게 주장하다 He **alleged** that she had attacked him first. 그는 그녀가 먼저 자기를 공격했다고 주장했다.
☐ **confront**	증거를 들이대며 상대의 잘못을 비난하다 They **confronted** him with the evidence. 그들은 증거를 들이대면서 그의 죄를 비난했다.
☐ **charge**	기소하다, 고소하다 He was **charged** with murder. 그는 살인죄로 고소당했다.
☐ **prosecute**	기소하다, 고발하다 Now, whether or not the Justice Department decides to **prosecute** Mr. Henderson is not in our hands. *(from The Hunt for Red October)* 이제, 법무부에서 헨더슨 씨를 기소할 건지 말 건지 결정 내리는 것은 우리 손을 떠난 문제야.
☐ **indict**	기소하다 (미국에서 주로 사용하는 법률용어) North Korea prepares to **indict** two American tourists. *(from USA TODAY)* 북한은 미국인 여행자 두 명을 기소할 준비를 하고 있다.

□ impeach

정부의 중요 인물을 탄핵하다, 고발하다
"You hear some of them... Sue him! **Impeach** him!" Obama told backers in Austin, Texas, imitating his critics. "Really? Really? For what? You're going to sue me for doing my job?"

(from USA TODAY)

이런 말을 하는 사람들이 있습니다. "그를 당장 고발해! 그를 탄핵해!" 오바마는 그를 비평하는 사람들을 흉내 내며 텍사스의 오스틴에서 자신의 후원자들에게 말했다. "정말이요? 정말입니까? 왜요? 제가 맡은 일을 열심히 하고 있다는 이유로 저를 고소한다고요?"

□ defendant

피고인
You and the **defendant**, Mr. Woodson, you two go back a long way, correct?

(from Trunk Music)

당신과 피고인인 우드선 씨는 아주 오래 전부터 알던 사이죠. 맞습니까?

□ be on trial

재판 중에 있다
There **are** three defendants **on trial**.
세 명의 피고인들이 재판을 받고 있는 중이다.

27 arrive 도착하다

arrive · get to · come · reach · be here · show up · make it · get in · land · come in · pull in

arrive

도착하다
It's a quarter to two when I **arrive**, greatly relieved that I'm not late as I walk into the enormous – and frankly intimidating – glass, steel, and white sandstone lobby.

(from Fifty Shades of Grey)

내가 도착한 게 2시 15분 전. 나는 늦지 않았다는데 크게 안도하며 거대한 - 솔직히 말해서 겁날 정도로 엄청나게 큰 - 유리와 철, 그리고 하얀 사암으로 만들어진 로비 안으로 걸어 들어간다.

get to

어느 장소에 도착하다 (격 없이 사용하는 표현)
I can tell you don't believe me, so I'm gonna give you an example. When you **get to** the next exit, get off and try to hide somewhere.

(from Wish List)

지금 제 말을 못 믿으시는군요. 예를 보여 드리죠. 다음 출구에 도착하면 내려서 어딘가에 숨어보세요.

come

기다리고 있는 장소에 도착하다, 오다
When he **comes**, send him up to my office.
그가 오면 내 방으로 올려 보내.

reach

길고 힘든 여행 끝에 어느 장소에 도착하다
It took more than seven hours to **reach** the top of the mountain.
그 산 정상에 도착하는 데 7시간 이상 걸렸다.

be here

기다리고 있는 장소에 도착하다 (구어체 표현)
It's almost one. Can you **be here** at exactly two-thirty?

(from The Firm)

지금 거의 1시야. 정확히 2시 30분에 도착할 수 있겠어?

□ **show up**	기다리던 사람이 늦게 도착하다, 나타나다 (격이 없는 표현) When Ben Cohn did not **show up** for their appointment, Mary decided that he had either forgotten or was no longer interested. *(from Windmills of the Gods)* 벤 콘이 약속시간에 나타나지 않았을 때 매리는 그가 약속을 잊었던지 더 이상 약속에 관심이 없는 거라고 결정을 내렸다.
□ **make it**	시간에 맞추어 장소에 도착하다 (격 없는 표현) There was always traffic in town before the 8:20 ferry. He would have to hurry to **make it**. *(from Disclosure)* 시내는 8시 20분 페리가 출발하기 직전에 항상 교통이 복잡했다. 그는 그 페리 시간에 맞게 도착하려면 서둘러야만 했다.
□ **get in**	평소보다, 또는 예정된 시간보다 늦게 집에 도착하다 What time did you **get in** last night? 너 어젯밤 몇 시에 집에 들어왔어?
□ **land**	비행기가 도착하다, 착륙하다 Because of severe weather conditions, the plane **landed** five hours late. 극심한 날씨 조건 때문에 그 비행기는 다섯 시간 늦게 도착했다.
□ **come in**	비행기나 배, 또는 열차가 도착하다 The flight hasn't **come in** yet. 그 비행기는 아직 도착하지 않았어.
□ **pull in**	지하철이나 자동차, 또는 버스가 역이나 기다리는 곳에 도착하다 The bus **pulled in**, 15 minutes late. 버스가 15분 늦게 도착했다.

28
private 사적인

private · personal · secret · intimate
· innermost · be none of someone's
business

□ private

개인의, 사적인

I also liked the fact that, during this first meeting, he never once made any enquiries about my **private** life.

(from The Pursuit Of Happiness)

내가 또한 마음에 드는 사실이 있었다면, 이 첫 만남이 진행되는 동안 그는 단 한 번도 내 사생활에 대해서 질문하지 않았다는 것이다.

장소가 남의 방해를 받지 않고 혼자 조용히 있을 수 있는

I've got something to talk to you. Can we go somewhere **private**?

나누고 싶은 이야기가 좀 있는데. 어디 조용한 데로 갈까?

□ personal

개인적인, 개인의, 사적인

Jack left the building, trying to flush his **personal** feelings and focus on the biggest challenge he'd ever faced.

(from The First Phone Call From Heaven)

잭은 건물을 나오며 개인적인 감정은 털어내고 자신이 그 동안 직면해왔던 가장 큰 도전에 집중하려고 애를 썼다.

□ secret

비밀의, 비밀스러운

He had been a very good and caring pastor, and the congregation was sorry to see him leave. There were **secret** meetings held to decide what to give him as a going-away present.

(from Tell Me Your Dreams)

그는 그 동안 아주 훌륭하고 배려심 깊은 목사였다. 그래서 신도들은 그럴 떠나 보내는 게 섭섭했다. 비밀 모임들이 있었다. 이별 선물로 그에게 무엇을 줄 것인가를 결정하기 위한 모임들이었다.

□ intimate

보통 관계나 성적인 감정에 있어서 대단히 사적인, 은밀한
You claim that you got into an **intimate** situation with a younger, very attractive woman but you turned her down.
(from Disclosure)
당신 주장은 당신보다 젊고 매우 매력적인 여성과 은밀한 상황에 빠졌지만 당신이 그녀를 거부했다는 거잖아요.

대단히 사적인, 은밀한
She's on **intimate** terms with people in the company.
그녀는 그 회사 사람들과 각별히 친한 사이이다.

섹스의, 성관계를 맺는 (격 있는 어휘)
He's **intimate** with her.
그는 그녀와 성관계를 갖고 있다.

□ innermost

자신에게 대단히 중요한 감정이고 생각이지만 남에게 말하고 싶지 않기 때문에 몹시 사적이고 비밀스러운
He doesn't reveal his **innermost** feelings, even to his closest friends.
그는 자신의 가슴 속 깊은 진정한 감정들을 자신의 가장 친한 친구들에게 조차 드러내지 않는다.

□ be none of someone's business

남에게 사적인 질문을 할 자격이 없다
It's **none of your business** how much I earn.
내가 얼마를 벌든 그게 당신하고 무슨 상관이야.

29 see 보다

see · catch sight of · spot · witness ·
sight · get a look at · make out · visible ·
show · in view · appear · come into sight ·
invisible · out of sight · lose sight of

see

보다
My visibility is poor. I can **see** maybe fifteen yards in any direction.
(from The Hunger Games)
내가 볼 수 있는 범위가 별로야. 난 아마 사방 15 야드 정도 볼 수 있을 거야.

만나다, 보다
I hope to **see** a lot of her while I'm here.
(from Unfinished Business)
여기 있는 동안에 그녀를 좀 자주 만나고 싶어.

catch sight of

사람이나 사물을 언뜻 보다, 슬쩍 보다 (특히 문어체에서)
I **caught sight of** her face as the bus passed by.
버스가 지나갈 때 그녀의 얼굴을 언뜻 봤어.

spot

찾고 있던 사람이나 물건, 또는 흥미로운 것을 갑자기 발견하다, 알아채다
As I hurry into the restaurant, I'm looking all around for Mum or Daniel, but I can't **spot** either of them.
(from The Undomestic Goddess)
급히 식당 안으로 들어가면서 나는 주변을 온통 둘러보며 엄마나 대니엘을 찾았지만 둘 중 누구도 눈에 띄지 않았다.

witness

사고, 범죄, 또는 중요한 사건을 목격하다
Jane was in for a big surprise when she **witnessed** Madison being a royal snob.
(from L.A. Candy)
제인은 매디슨이 속물 그 자체로 제대로 되어가는 모습을 목격하고는 몹시 놀라고 있었다.

□ **sight**	오랫동안 찾고 있던 사물이나 사람을 먼 거리에서 보다 (특히 문어체에서) Shortly after lunch, we **sighted** him in his own car. 점심을 먹고 난 직후에 우리는 자기 자동차를 타고 있는 그를 먼 발치에서 봤다.
□ **get a look at**	아주 잠깐이지만 사람이나 사물을 선명하게 보다 I couldn't **get a good look at** him. 그를 잠깐이라도 확실하게 볼 수가 없었어.
□ **make out**	힘들게 알아보다 At first, I couldn't **make out** what I was seeing. 처음에는 내가 보고 있는 게 뭔지 알아볼 수가 없었어.
□ **visible**	눈에 보이는, 볼 수 있는 There were no **visible** servants in the house, and Rosa was constantly jumping up and clearing the table to bring in new dishes from the kitchen. *(from Rage Of Angels)* 집안에는 일하는 사람이 보이지 않았다. 로사는 계속 급히 일어나서 테이블을 치우고 부엌에서 새로운 접시들을 가지고 왔다.
□ **show**	보이다 Don't worry about the scar on your arm. It doesn't **show**. 네 팔에 있는 흉터 걱정 마. 안 보여.
□ **in view**	눈에 띄는, 잘 보이는 There were no people **in view**. 사람들이 전혀 눈에 띄지 않았다.

☐ **appear**	보이기 시작하다, 나타나다 She stayed quiet for a moment before a shy smile finally **appeared**. *(from Safe Haven)* 그녀는 잠시 침묵한 후에 마침내 수줍은 듯한 미소를 지었다.
☐ **come into sight**	시야에 들어오다, 보이기 시작하다 The crowd cheered as he **came into sight**. 그가 시야에 들어오자 사람들은 환호성을 질렀다.
☐ **invisible**	보이지 않는 He was **invisible** in the darkness. 그는 어둠 속에서 보이지 않았다.
☐ **out of sight**	시야에서 벗어난, 보이지 않는 곳에 I waited until she was **out of sight**. 나는 그녀가 시야에서 사라질 때까지 기다렸다.
☐ **lose sight of**	멀리 떠나가서 더 이상 볼 수 없다 I gave up the chase, **losing sight of** the car. 나는 추격을 포기했다. 그 자동차를 시야에서 놓쳤기 때문이었다.

30
look 보다

look · take a look at · examine · view · gaze · admire · stare · gape · gawk · eye · glance · peek · peep · glare · scowl · frown · squint · peer · browse · window-shopping · leer

□ look

눈을 돌려 신경 써서 보다
Look at me when I'm talking to you.
내가 너한테 얘기하고 있을 때는 날 똑바로 봐.

□ take a look at

흥미로운 것, 특별한 것을 신경 써서 보다
(특히 구어체에서)
Do you want me to **take a look at** that?
그거 내가 한번 봐볼까?

□ examine

잘못된 것이나 실수를 확인하기 위해서 극도로 자세하게 보다, 조사하다
She **examined** his face. He wasn't joking.
(from The Post-Birthday World)
그녀는 그의 얼굴을 자세히 들여다봤다. 그는 농담하는 게 아니었다.

□ view

어떤 장소를 자세히 둘러보다, 유심히 보다
(격 있는 어휘)
I'd like to **view** the house one more time.
그 집을 한 번 더 둘러보고 싶어.

~라고 여기다/보다/생각하다
He had always felt that she was getting the attention and affection that he and Forrest were not, and she **viewed** him as a threat as well.
(from The Summons)
그가 항상 느꼈던 것은 그녀가 관심과 애정을 다 받아가고 자신과 포리스트는 전혀 그러지 못했다는 것이었다. 그리고 또한, 그녀가 자기를 위협적인 존재로 보고 있다고 그는 생각했다.

□ gaze

사랑이나 즐거움의 감정으로 오랫동안 응시하다
(주로 이야기나 글 속에서 사용)
I was **gazing** at the stars above.
나는 하늘의 별들을 응시하고 있었다.

☐ admire

뭔가를 보면서 감탄하다
Jesse Quiller walked over to **admire** a beautiful sterling silver picture frame with Jeffrey's first photograph already in it. 'This is lovely. Where did it come from?'

(from The Summons)

제시 퀼러는 그쪽으로 걸어가서 아름답고 훌륭한 은색 액자를 보며 감탄했다. 그 액자 안에는 제프리가 찍은 첫 번째 사진이 이미 들어 있었다. '이거 정말 예뻐요. 이게 어디에서 난 거에요?'

존경하다, 칭찬하다
But more than that, he **admired** the way she'd always spoken her mind.

(from The Notebook)

그러나 그 이상으로 그는 그녀가 항상 자기의 생각을 서슴없이 말하던 모습에 경의를 표했다.

☐ stare

한참 동안을 빤히 쳐다보다, 응시하다
He turned the radio on a little too loud, and Jan **stared** sadly out the window.

(from Special Delivery)

그는 라디오 볼륨을 약간 크게 틀었고 잰은 창 밖을 슬피 응시하고 있었다.

☐ gape

몹시 놀라고 충격 받아서 입을 벌리고 오랫동안 응시하다
I **gaped**. How did she know that? And if she knew, did Cindy know too?

(from Little lady, Big Apple)

나는 시선을 고정시킨 상태로 놀라서 입을 벌리고 있었다. 그녀가 그 사실을 어떻게 알았을까? 그리고 그녀가 알고 있다면 신디도 알고 있을까?

gawk

오랫동안 바보 같은 표정으로 멍하니 보다
(격 없는 어휘)
After a few minutes of **gawking** at the house, we crept away.
(from The Last Juror)
몇 분 동안 집을 멍하니 보고 난 후에 우리는 살금살금 그 자리를 빠져 나왔다.

eye

관심을 갖고 보거나 의심의 눈초리로 보다
He **eyed** us suspiciously.
그는 우리를 수상쩍게 보았다.

glance

흘깃 보다
I watched her hurry across the parking lot, then **glance** back at me before disappearing around the corner of the drugstore.
(from How To Steal A Dog)
나는 그녀가 서둘러서 주차장을 가로질러 가는 걸 지켜보았다. 그리고 나서 그녀는 나를 다시 흘깃 보고 약국 모퉁이를 돌아 사라졌다.

peek

빠른 속도로 훔쳐보다
I **peek** at him. He's still asleep, lying on his back, his face so peaceful and relaxed.
(from Summer and the City)
나는 그를 재빨리 훔쳐본다. 그는 아직 잠이 든 상태이고 똑바로 누워 있었으며 그의 얼굴은 매우 평화롭고 여유 있는 상태였다.

peep

구멍이나 열린 틈으로 뭔가를 훔쳐보다
I **peeped** through the window into his room.
나는 창 틈으로 그의 방을 훔쳐 보았다.

☐ glare

화난 상태로 한참 동안 노려보다
Suddenly Palmer **glared** at her and said sternly, 'Listen to me, Laura, it's got to be now.'

(from Doctors)

갑자기 파머는 그녀를 한참 노려보며 준엄하게 말했다, '로라, 내 말 잘 들어. 그건 지금 당장 해야 되는 거야.'

☐ scowl

화가 나서 노려보다
Strike saw Kolovas-Jones **scowl** at his passenger in the rear-view mirror.

(from The Cuckoo's Calling)

스트라이크는 콜로바스-존스가 자신의 승객을 노려보는 모습을 백미러로 보았다.

☐ frown

인상을 쓰며 얼굴을 찡그리며 보다
Carrie tried to **frown** at him but broke into a grin.

(from The Choice)

캐리는 그를 향해 인상을 쓰려고 했지만 활짝 웃고 말았다.

☐ squint

눈을 가늘게 뜨고 보다
The man behind the counter studies Nath's face, then **squints** at the bottle of whiskey.

(from Everything I Never Told You)

카운터 뒤의 남자는 내쓰의 얼굴을 유심히 살피더니 눈을 가늘게 뜨고 위스키 병을 본다.

☐ peer

잘 보이지 않아서 자세히 들여다보다, 응시하다
(격 없는 어휘)
He followed the sound to the barn entrance, inhaled, then **peered** out from behind the door.

(from The First Phone Call From Heaven)

그는 그 소리를 쫓아 헛간 입구까지 가서 숨을 들이킨 뒤, 문 뒤에서 밖을 응시했다.

□ **browse**	가게 안의 물건들을 둘러보다. 책이나 신문을 대강 읽다. 인터넷을 돌아다니다 I **browsed** their Web sites, growing more confident when I realized they were usually retired police officers. <div style="text-align:right">*(from Still Missing)*</div>나는 그들의 웹사이트를 둘러보면서 더욱 자신감이 생겼다. 그들이 대개 은퇴한 경찰들이라는 사실을 깨달았기 때문이다.
□ **window-shopping**	물건을 사지 않고 구경만 하는 쇼핑 We enjoyed **window-shopping** in Fifth Avenue. 우리는 5번가에서 윈도우쇼핑을 즐겼다.
□ **leer**	음흉하게 보다. 음흉하게 웃다 She gave Ernestine a contemptuous look. 'I ain't in no hurry.' She **leered** at Tracy. <div style="text-align:right">*(from If Tomorrow Comes)*</div>그녀는 어니스틴에게 경멸하는 눈초리를 보냈다. '나 하나도 바쁘지 않아.' 그녀는 트레이시를 음흉하게 바라보았다.

31
move 움직이다

move · stir · shift · fidget · squirm · wriggle
· writhe · twitch · sway · rock · swing ·
transfer · jerk · shunt · release · stuck ·
jammed · stiff · paralyzed · stranded ·
won't budge · still

☐ move

움직이다, 옮기다
I **moved** through the corridors like a ghost.
(from Anybody Out There)
나는 유령처럼 복도를 움직여 지나갔다.

이사하다, 이주하다
Since I guess you're going to have to **move** into the apartment above the doctor's office, you're going to really need it painted – like fast.
(from State Of The Union)
내 짐작으로는 네가 그 의사의 사무실 바로 위 아파트로 이사 가야 될 것이기 때문에, 정말이지 그 아파트 꼭 페인트칠 해야 될 거야 – 빨리 말이지.

☐ stir

젓다, 섞다, 자극하다 (문어체 어휘)
She **stirred** cream and sugar into the coffee in her cup.
(from The Choice)
그녀는 크림과 설탕을 자기 컵에 든 커피에 넣고 저었다.

☐ shift

옮기다, 이동하다
With a toss of her ponytail, she **shifted** gears.
(from Still Missing)
포니테일 머리를 뒤로 휙 젖히며 그녀는 기어를 바꾸었다.

자세를 바꾸다
Jackson **shifted** in his chair, but smiled politely.
(from Always the Baker Never the Bride)
잭슨은 의자에서 자세를 바꾸었으나 공손히 미소 지었다.

☐ fidget

지루하거나 긴장되어서 손이나 발을 꼼지락거리다
The uncertainty is galling, and my nerves resurface, making me **fidget**.
(from Fifty Shades of Grey)
그 불확실한 상황이 정말 짜증난다. 그리고 다시 긴장감이 들면서 손과 발을 꼼지락거린다.

□ **squirm**

불편하거나 긴장해서 몸을 좌우로 꿈틀거리다
She didn't sit down, afraid that she'd start to tap her foot or **squirm** nervously.
(from The Things We Do for Love)
그녀는 자리에 앉지 않았다. 발로 박자를 맞추거나 긴장해서 몸을 흔들기 시작할까 봐 걱정이 되어서 그랬다.

□ **wriggle**

꿈틀거리다, 꼼지락거리다
I tried to **wriggle** free from him, but he held me firmly.
나는 그에게서 벗어나려고 몸을 꿈틀거렸지만 그는 나를 꽉 쥐고 놓지 않았다.

꿈틀거리며 가다
Your attempts to **wriggle** your way back into her life – and play the caring father – are nothing short of disgusting.
(from The Things We Do for Love)
다시 그녀의 삶 속으로 꿈틀거리며 들어가려는 – 그리고 딸을 신경 쓰는 아버지인 척 하려는 – 당신의 시도는 역겨움 그 자체야.

□ **writhe**

고통으로 몸을 심하게 비틀다
She was **writhing** in agony, clutching her stomach.
그녀는 고통으로 몸을 비틀었다. 배를 움켜쥐면서.

□ **twitch**

경련을 일으키다, 씰룩 거리다
Somé **twitched** his head very slightly, a gesture of repudiation and irritation.
(from The Cuckoo's Calling)
Somé의 머리가 아주 살짝 경련을 일으키듯 움직였다. 부인과 짜증의 몸짓이었다.

□ sway

불규칙적이고 통제되지 않는 상태로 몸을 흔들다, 흔들리다
He didn't know what to do with his arms, which **swayed** awkwardly by his side.
(from We Are Not Ourselves)
그는 팔을 어찌해야 할지 몰랐다. 옆구리에 붙인 팔이 꼴 사납게 흔들리고 있었다.

□ rock

전후 좌우로 부드럽게 흔들다, 흔들리다
He **rocked** against me, not letting go, his hands reaching up for my elbows as I bent over him.
(from Tuesdays with Morrie)
그는 내게 기대어 부드럽게 몸을 흔들었다. 계속 몸을 기댄 상태에서 그는 내가 자신에게 몸을 숙일 때 손을 뻗어 내 팔꿈치를 잡았다.

마구 뒤흔들다, 뒤흔들리다
Outside the wind howled steadily, **rocked** the walls with frequent gusts.
(from The Remedy for Love)
밖에서는 바람이 끊임없이 윙윙거리는 소리와 함께 빈번한 돌풍을 동반하며 벽을 뒤흔들었다.

□ swing

전후 좌우 규칙적으로 흔들리다, 흔들다
Some hanging lamps around the pool were **swinging** back and forth, creating a dramatic shadow play in the garden.
(from The Girl Who Played with Fire)
수영장 주위에 걸려 있는 몇몇 등들은 앞 뒤로 계속 흔들리며 정원에 인상적인 그림자쇼를 만들어내고 있었다.

□ transfer

장소를 옮기다, 이동하다

This is an advanced math class, and if the students can't follow along, they should **transfer** to a class that's more suited to their skill level.

(from Sh*t My Dad Says)

이것은 수학 상급반이에요. 그래서 만일 학생이 따라오지 못하면 자신의 실력에 더 적절한 반으로 옮겨야 됩니다.

□ jerk

갑자기 홱 움직이다

A station came into view, and a few seconds later the train **jerked** to a stop.

(from If Tomorrow Comes)

역이 시야에 들어왔다. 그리고 잠시 후에 그 열차가 덜컥 멈추어 섰다.

□ shunt

사람이나 물건을 장소 이동시키다

It is easier to **shunt** gas and electricity from countries that have excess energy to those that face a shortage.

에너지를 많이 갖고 있는 나라들에서 부족한 나라들로 가스와 전기를 이동시키기가 훨씬 쉬워졌다.

□ release

해방시키다, 놓아주다, 발표하다

He spent two years in a juvenile facility and was **released** on his eighteenth birthday.

(from The Summons)

그는 2년 동안 청소년 시설에서 보냈고 18세 생일날에 석방되었다.

She is crying. I smile and **release** her hand, then reach in my pocket. I take out a handkerchief and wipe at her tears

(from The Notebook)

그녀는 운다. 나는 미소를 지으며 그녀의 손을 놓아준다. 그리고 나서 주머니에 손을 넣는다. 손수건을 꺼내서 나는 그녀의 눈물을 닦아준다.

stuck

움직일 수 없는, 꼼짝 못하는
He used to say that he wouldn't want to be **stuck** in a room with Oprah, because she was intimidating.

(from Sing You Home)

그는 오프라와 함께 방 안에 갇혀있는 것을 원치 않는다고 말하곤 했었다. 왜냐하면 그녀와 함께 있으면 겁이 나기 때문이었다.

jammed

막히거나 걸려서 움직일 수 없는
The door is **jammed**. I can't get it open.
문이 걸렸다. 문을 열 수가 없다.

stiff

뻣뻣한, 아파서 움직일 수 없는
The woodcutter stands with the window curtains flung open, his legs **stiff** with fear and lack of sleep.

(from The Tiger's Wife)

나무꾼은 창문 커튼이 열어젖혀진 상태로 서 있다. 그의 다리는 두려움과 수면부족으로 뻣뻣한 상태이다.

paralyzed

마비된
I was **paralyzed** for an instant, caught between the overwhelming desire to play and the terrifying certainty that I still no longer could.

(from Only Love)

나는 일순간 온몸이 마비되었다. 뛰고 싶다는 엄청난 욕망과 여전히 더 이상은 뛸 수 없다는 무서울 정도의 확실성 사이에 끼인 상태였다.

stranded

움직일 수 없는, 오도가도 못하게 된
A childhood accident had left him **stranded** at the bottom of a deep well overnight.

(from Lost Symbol)

어린 시절 사고로 인해서 그는 깊은 우물 바닥에 갇혀서 하룻밤을 꼼짝 못했다.

□ won't budge

꼼짝도 안 하다, 움직이지 않다
'Don't tell me what I can't do,' April said. 'This is my son.' She hugged Sam harder. 'Ma'am,' the nurse said, but April **wouldn't budge**.
(from Pictures of You)
'내가 할 수 없는 걸 나한테 말하지 마,' 에이프릴이 말했다. '얘가 제 아들이에요.' 그녀는 샘을 더욱 세게 안았다. '사모님,' 그 간호사가 말했다, 그러나 에이프릴은 꼼짝도 하지 않았다.

□ still

움직이지 않는
Just keep **still** while I tie your shoes.
움직이지 마. 내가 신발을 매줄 때는 움직이지 말고 가만히 있어.

바람 한 점 없는
It was a **still** day.
바람 한 점 없는 날이었다.

32
fast 빠르게

fast · quick · swift · rapid · brisk · prompt
· speedy · hasty · whizz · rush · race ·
dart · speed

☐ fast

움직임이 빠르게
I always drove just a little too **fast**, with my window rolled down and my bare arm showing, and nobody saw me at all.

(from Angel Time)

나는 늘 운전을 좀 과속하는 편이었다. 창문은 내린 상태에서 소매를 걷어붙여 팔을 드러내 보였지만 아무도 나를 쳐다보지 않았다.

움직임이 빠른
The 5:56 **fast** train to Stoke has been cancelled, so its passengers have invaded my train.

5시 56분발 스토크행 급행열차가 취소되었다. 그래서 그 열차의 승객들이 내가 타고 가는 열차 안으로 난입했다.

☐ quick

걸리는 시간이 빠른 (구어체 어휘)
Newly energized, I gulped the rest of my coffee, brewed another cup for Alex, and took a **quick**, hot shower. When I went back into his room, he was just sitting up.

(from The Devil Wears Prada)

새로 힘을 받아, 나는 나머지 커피를 벌컥 마시고 알렉스를 위해 한 잔을 더 끓였다. 그리고 빠른 속도로 뜨거운 물에 샤워를 했다. 내가 그의 방에 다시 들어갔을 때 그는 똑바로 앉아 있었다.

움직임이나 동작이 빠른
'I went to South Bronx High. Most wack school in America. Ever heard of it?' 'No, I'm afraid I haven't.' She gives me a **quick** look. 'Well, I have to go. I'm meeting Jeb soon.' Jeb is her new boyfriend.

(from Just One Day)

'저는 South Bronx 고등학교 나왔어요. 미국에서 가장 이상한 학교죠. 들어본 적 있어요?' '아니요, 들어본 적 없는데요.' 그녀는 나를 슬쩍 본다. '그만 가봐야겠어요. 곧 Jeb을 만날 거거든요.' Jeb은 그녀의 새로운 애인이다.

□ **swift**

움직임이 빠르거나 진행이 신속한 (문어체 어휘)
I wanted a **swift** response to my letter.
나는 내 편지에 신속한 응답을 원했다.

□ **rapid**

변화, 증가, 향상 등이 빠른 시간 안에 이루어지는 (문어체 어휘)
She took two more photos in **rapid** succession and then stood up, putting the camera away. She shielded her eyes from the sun.
(from Pictures of You)
그녀는 빠르게 연속으로 두 장의 사진을 더 찍고 일어서서 카메라를 치웠다. 그녀는 햇빛을 막기 위해 눈을 가렸다.

□ **brisk**

빠르고 활동적인
Silver-haired and distinguished-looking, impeccably dressed, there was a certain chilliness about his pale blue eyes. His walk was **brisk** and purposeful.
(from The Cuckoo's Calling)
은발에 기품 있는 얼굴, 흠 잡을 데 없는 옷차림에 그의 담청색 눈에는 약간의 냉기가 흘렀다. 그의 걸음은 빠르고 활기찼으며 결의에 찼다.

□ **prompt**

지체 없는, 즉각적인
The major disaster should have been prevented by the **prompt** action.
그 심각한 참사는 즉각적인 조치로 막았어야 했는데 그러지를 못했어.

□ **speedy**

지체 없이 빠른
I wish you a **speedy** recovery.
빠른 회복을 빕니다.

□ **hasty**

특히 좋지 않은 결과를 초래할 정도로 서두른, 성급한
You're going to regret your **hasty** decision.
너의 성급한 결정을 분명히 후회하게 될 거야.

☐ **whizz**

큰 소음을 내며 몹시 빨리 움직이다
The landscape **whizzed** by. She smelled the rain, the grass, the leather of his jacket, felt the throb of the bike between her legs.

(from Happy Ever After)

풍경이 쏜살같이 지나갔다. 그녀는 비 냄새, 잔디 냄새, 그리고 그의 가죽재킷 냄새를 맡았고 그녀 다리 사이의 오토바이 진동을 느꼈다.

☐ **rush**

급히 움직이다, 서두르다
The poor kids today, either they're too selfish to take part in a real loving relationship, or they **rush** into marriage and then six months later, they get divorced. They don't know what they want in a partner. They don't know who they are themselves – so how can they know who they're marrying?'

(from Tuesdays with Morrie)

오늘날의 불쌍한 젊은이들은 너무 이기적이어서 정말 사랑하는 관계에 빠져들지 못하거나 서둘러 결혼한 다음 6개월 후에는 이혼을 하고 말아. 동반자의 관계에서 자신들이 무엇을 원하는 지를 전혀 모르는 거지. 자신이 누구인지 조차 모르는 거야 – 그러니 그들이 지금 자신과 결혼하려 하는 사람을 어떻게 제대로 알 수 있겠냐고.

급히 수송하다
He developed asthma in his sixties. His breathing became labored. One day he was walking along the Charles River, and a cold burst of wind left him choking for air. He was **rushed** to the hospital and injected with Adrenalin

그는 60대에 천식에 걸렸다. 숨쉬기조차 힘들어졌다. 하루는 찰스강을 따라 걷다가 차가운 돌풍에 목이 막혀 숨을 제대로 쉬지 못하는 상황이 되었다. 그는 병원으로 급히 이송되었고 아드레날린 주사를 맞았다.

Part 02 독해력 강화를 위한 확장어휘 277

□ race

급히 가다, 쏜살같이 가다
James, though, has never liked the taste of alcohol, and he finds it does not dull his mind; it only turns him a dark beet-red, as if he has endured some terrible battering, while his mind **races** all the faster.

(from Everything I Never Told You)

하지만 제임스는 그 동안 술 맛을 한 번도 좋아해본 적이 없었다. 그리고 술을 마신다고 생각이 누그러지는 것도 아니다; 술은 단지 그의 얼굴을 짙은 암적색으로 바꿀 뿐이다. 마치 계속 끔찍한 구타를 견디어내고 있는 사람의 얼굴색처럼 말이다. 그러는 동안 그의 생각은 훨씬 더 빨리 내달린다.

□ dart

특정한 방향으로 쏜살같이 움직이다
He pulled into a self-serve and pumped fifteen gallons. He paid inside and bought a six-pack of Michelob. Abby opened two, and they **darted** back into the traffic. He was smiling now.

(from The Firm)

그는 셀프 주유소에 차를 대고 15갤런을 주유했다. 그는 안에서 돈을 지불하고 미켈럽 여섯 팩을 샀다. 애비는 그 중 두 개를 땄고 그들은 빠른 속도로 다시 차량들 틈으로 들어섰다. 그는 지금 미소를 짓고 있었다.

□ speed
speed-sped-sped

빨리 가다, 빨리 움직이다
Eric gets up and strides to the window, appearing lost in thought. 'So it's a waiting game,' he says at last. 'Is there anything I can do to **speed** the process?'

(from Remember Me?)

에릭은 일어서서 성큼성큼 걸어서 창문으로 간다. 생각에 잠긴 듯이 보인다. '그러니까 이건 기다려야 되는 게임이야.' 그가 마침내 말한다. '절차를 좀 빠르게 하기 위해서 내가 할 수 있는 뭔가가 있을까?'

33 change 변하다

change · alter · vary · fluctuate · erratic · volatile · unstable · variable · revise · reverse · adapt · modify · convert · adjust · amend · reform · switch · change one's mind · get cold feet · change one's tune · vacillate · fickle · blow hot and cold · stubborn · stand firm · stand one's ground · stick in the mud · diehard · rigid · irrevocable

change

변하다

'The place has really **changed** since the last time I was here.' 'Everything **changes**,' he said. He leaned against the counter, crossing one leg over the other. 'So when's the big day?' he asked, changing the subject. 'For you and Brian?'

(from The Last Song)

'그 장소는 내가 마지막 여기에 있었던 때부터 생각하면 진짜 많이 변했어.' '세상 모든 게 다 변하는걸,' 그가 말했다. 그는 카운터에 몸을 기대고 한 다리를 다른 다리 위에 포개 올려 놓았다. '그래 결혼식이 언제야?' 주제를 바꾸며 그가 물었다. '너하고 브라이언 말이야.'

변화시키다 바꾸다

'I tucked them into bed. I **changed** Josh's diaper. I read Adam a story and wished him sweet dreams.'

아이들을 침대에 뉘였어. 조쉬의 기저귀를 갈아줬지. 아담에게는 이야기를 읽어줬고 아담이 좋은 꿈을 꾸도록 빌어줬어.

alter

감정이나 행동, 또는 상황이 변하다

My breathing **alters** as my heart races. His head turns fractionally toward me. I bite my lip.

(from Fifty Shades of Grey)

내 심장이 요동치며 호흡이 변한다. 그의 머리는 아주 조금 나를 향한다. 나는 내 입술을 꼭 깨문다.

vary

상황에 따라 달라지다

He accepted her occasional silences and **varying** moods, and he treated her with a gentleness that astonished and touched her.

(from Still Missing)

그는 그녀의 간헐적인 침묵과 계속 바뀌는 기분상태를 받아들였다. 그리고 그는 그녀를 관대하게 대해서 그녀를 놀라게 했고 감동시켰다.

□ fluctuate

가격이나 양이 자주 변동 · 등락을 거듭하다
Cholesterol levels in the blood **fluctuate** in the course of a day.
혈액 내 콜레스테롤의 수준은 하루 중에 등락을 거듭한다.

A mistake people make when setting goals is not taking into account that their motivation and energy levels are going to **fluctuate** dramatically.
(from Mini Habits: Smaller Habits, Bigger Results)
사람들이 목표를 세울 때 흔히 하는 실수는 자신의 동기부여와 에너지 수준이 극적으로 등락을 거듭할 것이라는 사실을 전혀 고려하지 않는다는 사실이다.

□ erratic

행동, 절차, 또는 서비스 등이 갑작스럽게 놀랄 정도로 변하는, 불규칙한, 변덕스러운
When Woody's **erratic** behavior offended someone, Peggy would defend her husband. 'Woody is under a lot of stress,' Peggy would insist. 'He isn't himself.' She would not allow anyone to say anything against him.
(from Morning Noon & Night)
우디의 변덕스러운 행동이 누군가의 기분을 상하게 할 때는 페기가 나서서 자기 남편을 변호하곤 했다. '우디가 지금 스트레스가 많은 상태입니다,' 라고 페기는 주장했다. '이 사람이 원래 이렇지는 않습니다.' 그녀는 그 누구도 남편을 욕되게 하는 말을 하도록 놔두지 않았다.

□ volatile

상황이나 성격이 전혀 예상치 못하게 갑작스럽게 변하는, 변덕스러운
She was just about the most hardheaded woman he'd ever met, someone who always stood her ground. She could be **volatile**.
(from True Believer)
그녀는 그가 그 동안 만났던 사람들 중에 거의 가장 빈틈없는 여성이었다. 늘 자신의 주장을 고집했다. 그녀는 변덕스러운 성격이기도 했다.

□ unstable

사람이나 상황, 시스템, 정부 등이 갑자기 바뀌어 악화될 가능성이 있는, 불안정한

He was **unstable** on his feet, and Ronnie had to support him whenever he moved, even across the room.

(from The Last Song)

그는 서있는 게 불안정했다. 그래서 로니는 그가 움직일 때마다 그를 부축해야 했다. 심지어 방에서 걸을 때에도.

□ variable

양이나 가격, 속도, 온도 등이 상황에 따라 계속 변화하는, 변동이 심한

Twelve miles west of the airport, he called the tower and was directed to enter the traffic pattern. The wind was light and **variable**, the landing would be a cinch.

(from The Summons)

공항의 서쪽 12마일 지점에서 그는 송신탑으로 전화를 했고 지정비행경로로 들어가라는 지시를 받았다. 바람은 약했고 변동이 심했다. 착륙은 아주 쉬운 일이었다.

□ revise

새로운 정보를 입수해서 의견이나 계획을 변경하다

His first thought was that there had to be five thousand people. Then he saw they had spilled into the grassy parking lots adjoining the main exhibition area as well and **revised** his estimate upward. Eight. Eight thousand at least.

(from Cell)

그는 처음에는 5천 명 정도가 와있을 거라고 생각했다. 그러다가 그는 사람들이 또한 주전시회 지역과 접한 잔디 덮인 주차장으로 이미 쏟아져 들어온 것을 보았다. 그리고 그는 자신의 추정치를 상향 조정했다. 8천, 적어도 8천 명은 돼 보였다.

☐ reverse

결정이나 과정을 뒤바꾸다, 반전시키다

I cover my face with my arms because this isn't happening. It isn't possible. For someone to make Peeta forget he loves me…no one could do that. 'But you can **reverse** it, right?' asks Prim.

(from Mockingjay)

나는 팔로 얼굴을 감싼다. 이런 일은 일어나지 말아야 하기 때문이다. 그건 불가능한 일이다. 누군가가 피타로 하여금 나를 사랑한다는 사실을 잊게 만들다니. 아무도 그럴 수는 없다. '하지만 당신은 그걸 뒤집을 수 있잖아.' 프림이 묻는다.

☐ adapt

다른 방법으로 사용될 수 있도록 조정하다, 맞추다, 각색하다

You all showed great passion for the films **adapted** from my novels, and I want to thank you all for everything you've done.

(from Safe Haven)

당신들 모두는 내 소설에서 각색된 영화들을 위해서 대단한 열정을 보였다. 그래서 당신들이 그 동안 해온 모든 것들에 대해서 정말 감사의 말을 전하고 싶다.

☐ modify

좋은 목적으로 작은 변화를 주다, 수정하다

They **modified** the design to make it suitable for commercial production.

그들은 실제 판매생산에 적합하게 하기 위하여 디자인을 수정했다.

☐ convert

다른 목적으로 사용될 수 있도록 다른 형태로 완전히 개조하다

The bedroom had another door to the hallway, where a storeroom had been **converted** into a bathroom with a shower.

(from The Girl with the Dragon Tattoo)

그 침실은 복도 쪽으로 문이 하나 더 있었다. 복도에 있던 저장실은 샤워실이 있는 화장실로 이미 개조되었었다.

adjust

향상이나 적용 목적으로 위치나 수준을 약간 조정하다, 조절하다

Heat makes scent rise, cold keeps it lower to the ground. As handlers, we **adjust** our search strategy accordingly. From our dogs' perspectives, however, scent is scent.

(from Love You More)

열기는 향내를 상승시킨다. 추위는 향내를 바닥으로 낮게 유지시킨다. 조련사로서 우리는 그에 따라 수색전략을 조정한다. 그러나 우리 개들의 시각에서 보면 향내는 그저 향내일 뿐이다.

amend

법이나 협정 등의 사항을 조금 개정, 또는 수정하다

'I didn't need a lawyer.' Eddie chuckles knowingly. 'Downloaded it from the Internet. And obviously **amended** it slightly. All you need is a bit of common sense.'

(from The Undomestic Goddess)

'변호사는 전혀 필요 없었습니다.' 에디는 이미 다 알고 있다는 듯이 싱긋 웃는다. '인터넷에서 다운 받았어요. 그리고 알다시피 항목을 살짝 수정했죠. 상식만 좀 있으면 되는 거니까요.'

reform

법, 체제, 또는 조직 등을 보다 효과적으로 바꾸다, 개혁하다, 개선하다

It's time for us to **reform** the system.

이젠 시스템을 좀 개선할 때도 됐잖아.

switch

특히 갑작스럽게 바뀌다, 전환되다, 바꾸다

You should also think about **switching** to filtered cigarettes. They're much kinder to your throat.

(from The Pursuit Of Happiness)

너는 또한 필터 담배로 교체하는 걸 생각해봐야 해. 그게 목에 훨씬 더 부드럽거든.

☐ **change one's mind**	결정, 의도, 또는 계획을 바꾸다 What **changed your mind**? 왜 생각을 바꾼 거야? What if he **changes his mind** and breaks his promises? 걔가 생각을 바꿔서 약속을 깨면 어떻게 해?
☐ **get cold feet**	하려고 했던 일에 대해서 갑자기 겁이 나다, 초조해지다 She was about to invest in the market, but **got cold feet** at the last minute. 그녀는 그 시장에 막 투자하려다가 마지막 순간에 겁이 덜컥 났다.
☐ **change one's tune**	생각이나 어조, 또는 태도가 예전에서 완전히 바뀌다 You've **changed your tune** all of a sudden. Only yesterday you said you thought he was good for nothing. 갑자기 말을 바꾸면 어떻게 해. 어제만 해도 네 생각에는 그가 아무짝에 쓸모 없는 자라고 했었잖아.
☐ **vacillate**	생각이나 하고자 하는 행동을 두 개의 선택에서 계속 바꾸다 (격 있는 어휘) Mr. Carey seems to **vacillate** about this writer's abilities and purpose. *(from The New York Times)* 미스터 캐리는 이 작가의 능력과 목적에 대하여 확신과 불확신 사이에서 오락가락하는 것 같다.
☐ **fickle**	자신이 좋아하는 사람이나 물건이 계속 바뀌는, 변덕스러운, 날씨가 변덕스러운 I don't like a man who is unpredictable and **fickle**. 나는 예측할 수 없고 변덕스러운 남자는 싫어 정말.

blow hot and cold

태도를 계속 바꾸다, 변덕이 심하다, 이랬다저랬다 하다
(격 없는 표현. 특히 영국에서 사용)
She keeps **blowing hot and cold**. I can't tell what she wants.
그녀는 계속 이랬다저랬다 해. 그녀가 원하는 것이 무엇인지 알 수가 없어.

stubborn

타당하지 않은데도 생각을 바꾸려 하지 않는, 고집스러운, 완고한
Despite the tension, Jeremy laughed. 'I guess that means you think I'm a pushover?' 'No,' she said. 'But what I'm hoping is that you're not as **stubborn** as she is.'
(from The Pursuit Of Happiness)
긴장된 상태였음에도 불구하고 제러미는 소리 내어 웃었다. '짐작하건대 그 말씀의 의미는 제가 만만한 사람으로 생각된다는 건가요?' '아니요,' 그녀는 말했다. '하지만 제가 바라는 건 당신이 그녀처럼 고집스럽지 않았으면 좋겠다는 겁니다.'

stand firm

다른 사람들의 설득에도 불구하고 의견이나 계획을 바꾸지 않고 버티다, 꿈쩍하지 않다
Once he makes up his mind, he **stands firm** and defends his principles.
(from The Pursuit Of Happiness)
그는 일단 결심을 하면 절대 흔들리지 않고 자기 원칙을 지킨다.

stand one's ground

논쟁에서 자기 주장을 고집하다
I tried to change his mind, but he **stood his ground**. He was so stubborn.
그의 생각을 바꾸어보려고 했지만 어찌나 자기 주장이 강한지. 정말 고집 세더라고.

□ stick in the mud

구식 사고방식에 사로잡혀 변화할 의지가 없거나 새로운 것을 시도할 의지가 없는 사람, 보수적인 사람
Ashley was a **stick-in-the-mud** who liked to stay home at night and read a book or watch the History Channel or CNN. She had no interest in sports.

(from Tell Me Your Dreams)

애쉴리는 새로운 것을 시도하지 않으려는 답답한 사람이었다. 밤에는 집에서 책을 읽거나 역사 채널, 또는 CNN을 즐겨 봤다. 그녀는 스포츠에는 아무런 관심이 없었다.

□ diehard

여간해서 죽지 않는, 쉽게 사라지지 않는, 완고한, 보수적인
Vincent is someone with a strong ethical sense so people trust him. We worked with him even though he had recently advised some of our **diehard** competitors.

빈센트는 강한 윤리적 감각을 지닌 사람이라서 사람들이 그를 신뢰합니다. 우리는 그와 함께 일했습니다. 그가 최근에 우리의 골수 경쟁상대들의 고문 역할을 해주고 있었음에도 불구하고 말이죠.

□ rigid

융통성 없는, 엄격한
I devised a **rigid** schedule for myself and stuck to it.

(from Temptation)

나는 내 자신을 위해서 엄격한 스케줄을 만들었고 그것을 지켰다.

□ irrevocable

결정이나 선택이 일단 내려진 상태에서 바뀔 수 없는 (격 있는 어휘)
They provided crucial information to women making an **irrevocable** decision.

(from The New York Times)

그들은 돌이킬 수 없는 결정을 내리는 여성들에게 결정적인 정보를 제공했다.

34
important
중요한

important · major · big · key · principal · significant · of importance · momentous · critical · vital · essential · crucial · overriding · paramount · leading · influential · prominent · mean a lot to · make a fuss · make a big deal out of · make a mountain out of a molehill

□ **important**	중요한 When she asked her mother what it meant, she was told that it wasn't **important**, that she shouldn't worry about such things. *(from The Book Thief)* 그녀가 어머니에게 그게 무슨 의미인지 물어봤을 때 그녀가 들은 대답은 그건 중요하지 않다는 것이었고 그런 일은 걱정하지 말라는 것이었다.
□ **major**	중대한, 주요한 What is the **major** cause of heart disease? 심장병의 중대한 원인이 무엇인가요?
□ **big**	나머지 인생에 영향을 줄 수 있을 만큼 중요도가 큰, 심각한 I know this is a **big** decision. Please give me some more time to think. 이건 정말 내 인생에서 중요한 결정이라는 거 잘 알아. 생각할 시간을 좀 더 줘.
□ **key**	대단히 중요한 I could see that an end to the tantrums was a big help, but what seemed to be the **key** factor was harder to put your finger on. *(from Never Let Me Go)* 짜증을 그만 내면 큰 도움이 되는 건 알 수 있었는데 무엇이 주요 요인이었는지는 딱 꼬집어 말하기가 더 어려웠다.
□ **principal**	중요한 것 중에서도 으뜸인, 가장 중요한 Teaching is his **principal** source of income. 가르치는 일이 그의 가장 중요한 수입원이다.

□ significant

두드러지고 상황에 영향을 줄 정도로 중요한
My mom and Stanton supported abused children's charities because they were **significant** to me.

(from Bared to You)

우리 엄마와 스탠튼은 학대아동구호단체를 지원했다. 그 단체들이 내게 중요한 영향을 주기 때문이었다.

□ of importance

중요한
'What is tatting?' she had asked shyly, as though the old lace-making craft were something **of** great **importance**.

(from Let's Take the Long Way Home)

'태팅이 뭐예요?' 그녀는 수줍게 물었다. 마치 그 오래된 레이스 공예가 대단히 중요한 것인 것처럼.

□ momentous

미래의 일에 큰 영향을 줄 것이기 때문에 대단히 중요한
Teabing nodded, heaving a ponderous sigh. 'The modern Priory of Sion has a **momentous** duty.'

(from The Da Vinci Code)

티빙은 고개를 끄덕이며 크게 무거운 한숨을 내쉬었다. '현대 시온수도원은 막중한 임무를 띠고 있습니다.'

□ critical

나의 미래가 달려 있을 정도로 시간이나 상황이 대단히 중요한
You have to recognize how **critical** this is to my research.

(from Leaving Time)

너는 이것이 내 연구에 얼마나 중요한지를 꼭 알아야 돼.

☐ vital

제대로 처리되지 못하면 심각한 문제를 일으킬 정도로 대단히 중요하고 필수적인

There was a bizarre silence. For a few seconds every single student had stopped breathing. They knew there was a **vital** question to be asked and all watched to see which of them had the courage to voice it.

(from Doctors)

기이한 침묵이 흘렀다. 잠시 동안 학생 한 사람 한 사람이 숨을 멈추었다. 그들은 아주 중요한 질문이 있음을 알고 있었다. 그리고 모두 자기들 중 누가 용기 있게 그 질문을 할지 관찰하고 있었다.

☐ essential

존재, 건강, 안전 등에 극도로 중요한, 필수적인

I never knew how **essential** it was to my well-being until I didn't have Emma to snuggle, Luke to cuddle, or even one of my mom's rare hugs.

(from Still Missing)

나는 그것이 내 행복에 얼마나 중요한 요소인지를 몰랐다. 내 품에 바싹 파고드는 엠마, 늘 껴안는 루크, 또는 아주 가끔 한번씩 경험하는 엄마의 포옹이 사라진 다음에야 그 중요함을 알았다.

☐ crucial

나중에 일어날 일들의 근거와 원인이 될 만큼 중대한, 결정적인

The article included information **crucial** to an imminent war.

(from The Devil Wears Prada)

그 기사는 임박한 전쟁에 결정적인 정보를 포함하고 있었다.

☐ overriding

다른 무엇보다도 먼저 처리해야 할 정도로 가장 우선적으로 중요한

What is your **overriding** concern?

너의 최우선 관심사는 뭐야?

paramount

그 무엇보다 중요한 (형식적인 어휘)
Education is of **paramount** importance to society.
교육이 국가와 사회를 이루는 가장 중요한 요소이다.

leading

최고의, 선두적인, 가장 중요한
Nobody expected him to be a **leading** politician.
아무도 그가 최고의 정치가가 되리라고는 생각도 못했다.

influential

특히 정치나 비즈니스계에서 대단히 영향력 있는, 중요한
I thought I'd begin with a quick overview of Dante – his life, his work, and why he is considered one of the most **influential** figures in all of history.

(from Inferno)

먼저 단테에 대한 개략적인 설명으로 시작하도록 하겠습니다 – 그의 생애와 작품, 그리고 왜 그가 역사를 통틀어 가장 영향력 있는 인물로 간주되는지 설명 드리겠습니다.

prominent

저명한, 잘 알려진, 존경 받는
You should see the town's Web site. It talks about the azaleas and dogwoods that bloom in April, and proudly displays a picture of the town's most **prominent** citizen. A guy named Norwood Jefferson.

(from True Believer)

그 도시의 웹사이트를 봐야 돼. 4월에 피는 진달래와 층층나무에 대해서 나와 있고 자랑스럽게 그 도시에서 가장 유명한 시민의 사진을 전시해 놓고 있어. 노우드 제퍼슨이라는 사람이야.

mean a lot to

~에게 소중하다, ~에게 아주 중요한 의미가 있다
(특히 구어체에서)
The job **means a lot to** me, but you mean everything to me.
그 일이 내게 소중하지만 너는 나의 전부야.

☐ **make a fuss**	그다지 중요하지도 않은 일로 화를 내고 소란을 피우다 There is no need to **make** such **a fuss**. Just take it easy. 별 것도 아닌데 그렇게 난리 칠 필요 없어. 진정해 좀.
☐ **make a big deal out of**	별로 중요하지도 않은 일로 소동을 벌이다, 언쟁하다 It is nothing. Don't **make a big deal out of** it. Please. 그건 아무 것도 아니야. 그런 일로 소란 피우지 마. 제발.
☐ **make a mountain out of a molehill**	사소한 일을 크게 부풀려 문제를 만들다, 침소봉대하다 It's just a small cut. Don't **make a mountain out of a molehill**. 그냥 조금 벤 것뿐이야. 아무 것도 아닌데 난리법석 부리지 말라고.

35 stop 멈추다

stop · finish · quit · cease · give up · abandon · freeze · leave it at that · come off · call it a day · retire · come to a halt · stop dead in one's tracks · stop somebody cold · drop · pull up · pull in · pull over · restrain · hold back · intercept · come to an end · fizzle out · peter out · fade away · cut short · abort · suspend · crack down on · suppress · subdue · sever · prevent A from B · keep A from B · get in the way of · discourage · avoid · avert · block · thwart · foil

□ stop

하던 행동이나 움직임을 멈추다
Jasper Black **stopped** but he didn't turn. He just stood there very still. I **stopped** shouting and I watched his back and I wondered what he was going to do.

(from Incendiary)

재스퍼 블랙은 멈췄지만 몸을 돌리지 않았다. 그는 그냥 그 곳에 움직임 없이 가만히 서 있었다. 나는 소리 지르는 걸 멈추고 그의 등을 지켜봤다. 나는 그가 무슨 행동을 하려는 지 궁금했다.

누군가 어떤 행동을 못하게 하다
'Isn't it supposed to snow?' 'Not enough to **stop** us from going,' I say.

(from Sing You Home)

'눈 온다고 하지 않았던가?' '우리가 가는 걸 막을 정도는 아 니야,' 나는 말한다.

□ finish

뭔가를 다 끝내다, 끝나다
'Can't you stay,' Willem begins. 'For just one – ?' Allyson doesn't wait for him to **finish** the question – hour, day, week – because her answer is the same. 'Yes.'

(from Just One Night)

'머물 수는 없을까요,' 윌럼은 시작한다. '단 한 – ?' 앨리슨 은 그가 질문을 끝낼 때까지 기다리지 않는다 – 시간, 일, 주 – 왜냐하면 그녀의 대답은 똑같기 때문이다. '예, 그렇 게 할게요.'

Deanna read the letter slowly, and when she **finished**, she looked up at Theresa.

(from Message in a Bottle)

디나는 그 편지를 천천히 읽었다. 그리고 다 끝났을 때 그녀 는 고개를 들어 테레사를 보았다.

quit

다른 사람들을 짜증나게 하는 행위를 멈추다. 직장이나 학교를 그만두다 (특히 미국에서 구어체 어휘)
Jennifer **quit** reading newspapers and magazines and stopped watching television, because wherever she turned she saw herself.
(from Rage of Angels)
제니퍼는 신문과 잡지 읽는 것을 멈추었고 TV 보는 것을 끊었다. 고개를 돌릴 때마다 자신의 모습이 보였기 때문이었다.

cease

어떤 행위를 중단시키다. 중단되다. 멈추다
(격 있는 어휘)
His lungs had **ceased** working, and his stomach was a mess.
(from The Associate)
그의 폐는 이미 작동을 멈추었다. 그리고 그의 위는 엉망진창인 상태였다.

give up

포기하다
I pick at my lamb for a bit; then I put down my knife and fork. 'I **give up**.' 'You don't like the lamb.' 'No. I love the lamb. But you're mad at me about something.'
(from The Carrie Diaries)
나는 잠시 양고기를 조금씩 먹다가 나이프와 포크를 내려 놓는다. '못 먹겠어요.' '양고기를 좋아하지 않는군요.' '아니요. 아주 좋아해요. 그런데 당신이 지금 뭔가에 대해서 나한테 화내고 있잖아요.'

abandon

계획했거나 시작했던 일을 멈추다. 포기하다
Because of the nasty weather, they were forced to **abandon** the search.
험악한 날씨 때문에 그들은 수색을 포기할 수 밖에 없었다.

freeze

갑자기 멈추어 서서 미동도 하지 않고 조용히 있다
I **froze** and listened. Some people were talking about me.
나는 갑자기 서서 꼼짝 않고 귀를 기울였다. 어떤 사람들이 내 이야기를 하고 있었다.

leave it at that

지금까지 한 것으로 충분하니 그 정도에서 그만두다 (격 없이 사용하는 표현)
It was one of the more memorable nights of my life. But I still think we should **leave it at that**.
(from One Day)
그건 내 인생에서 더욱 기억할만한 밤이었어. 하지만 그럼에도 나는 여전히 우리가 그건 그 정도에서 그만두는 게 좋겠다고 생각해.

come off

규칙적으로 복용해 오던 약이나 마약을 끊다
You can **come off** the drugs three months after the operation.
(from Just One Night)
수술 3개월 후에 약 복용을 끊으시면 됩니다.

call it a day

일을 충분히 했거나 매우 피곤해서, 또는 시간이 늦어서 하던 일을 멈추다 (격 없이 사용)
It's too late. Let's **call it a day** and go home.
너무 늦었어. 오늘은 그만하고 집으로 가자.

retire

은퇴하다, 퇴직하다
She **retired** after 30 years with the company.
그녀는 그 회사에서 30년 동안 근무한 후에 은퇴했다.

come to a halt

속도를 늦추며 서다, 정지하다
The plane taxied to the start of the runway and **came to a halt**.
(from Where would I be without you?)
그 비행기는 활주로 출발점까지 서서히 움직이더니 정지했다.

stop dead in one's tracks

갑자기 딱 멈추어 서다
He **stopped dead in his tracks**. 'Did you call me names?' he snapped.
그는 갑자기 멈추어 섰다. '너 지금 내 욕했어?' 그는 화난 목소리로 쏘아붙였다.

stop somebody cold

갑자기 멈추어 세우다
That **stopped him cold**. He pulled out a handkerchief and started mopping his face.
(from The Woman In The Fifth)
그것 때문에 그는 갑자기 멈추어 섰다. 그는 손수건을 꺼내서 자기 얼굴을 닦기 시작했다.

drop

이미 시작한 일이나 하려고 했던 일을 멈추다, 중단하다
We had to **drop** the plans to establish a new research center because of a shortage of funds.
우리는 새로운 연구센터 설립계획을 중단했다. 자금부족 때문이었다.

pull up

차량이나 운전자가 멈추어 서다
It was dusk when they **pulled up** to the end of Grandma's long, winding driveway and got their first look at the house.
(from The Bell Bandit)
땅거미가 졌을 때 그들은 할머니의 길고 휜 차고 진입로 끝에 차를 세웠다. 그리고 그 집을 처음으로 봤다.

pull in

운전자가 차를 길가에 세우거나 주차공간에 대다
A few minutes after the trailer **pulled in**, the other guy turned his ankle, and the next thing I knew, I was all by myself.
(from A Bend in the Road)
트레일러가 정차한지 몇 분 후에 다른 남자는 발목을 삐었고 어느 틈엔가 나는 완전히 혼자 남아 있었다.

☐ **pull over**	길 한쪽으로 차를 대다 A policeman appeared out of nowhere and signaled to me to **pull over**. 경찰이 어디선지 모르게 나타나서 내게 차를 대라고 신호를 보냈다.
☐ **restrain**	앞으로 나가지 못하게, 또는 남을 공격하지 못하게 붙들다, 저지하다 I had to end this conversation now. 'Please,' I said, gently shrugging off Ruth's **restraining** grip. 'I'm handling it. And after eight hours' sleep, I'll probably be handling it even better.' 나는 이 대화를 지금 끝내야 했다. '저기요,' 나는 내 어깨를 움켜쥐고 나를 제지하려는 루쓰를 살짝 밀치며 말했다. '제가 지금 그 일을 처리하고 있어요. 그리고 8시간 자고 나면 아마도 훨씬 더 잘 처리하게 될 겁니다.'
☐ **hold back**	앞으로 움직이지 못하게, 또는 어느 장소로 들어가지 못하게 막다, 저지하다 I told you to put up huge barriers to **hold back** the crowd. 사람들이 들어가지 못하게 큰 장애물을 설치해 놓으라고 내가 얘기했잖아.
☐ **intercept**	중간에 가로막다, 가로채다 He grabs a stuffed Adidas gym bag from the back of his truck and bounds toward the terminal. I **intercept** him and we shake hands. *(from The Racketeer)* 그는 속이 가득 찬 아디다스 운동가방을 자기 트럭 뒤에서 움켜쥐고 터미널 쪽으로 껑충껑충 달려간다. 나는 그런 그를 가로막는다. 그리고 우리는 악수를 한다.
☐ **come to an end**	오랫동안 있어왔던 일이 끝나다 All good things must **come to an end**. 세상의 모든 좋은 일들은 언젠가 다 끝나게 되어 있는 거야.

☐ fizzle out

행동, 관계, 또는 관심이 점차적으로 줄어들어 결국 실망스럽게 끝나다, 흐지부지되다 (격 없이 사용하는 표현)
Don't let your romance **fizzle out** again this time.
이번에는 연애 제대로 좀 해봐. 또 흐지부지 끝내지 말고.

☐ peter out

점차적으로 작아지거나 줄어들거나, 또는 약해져서 결국 완전히 사라지다
Even if I did find a few worth riding, the experience didn't last long before the waves **petered out**.
(from Dear John)
탈만한 몇 개의 파도를 찾긴 했지만 그 경험이 오래지 않아서 파도는 사라져버렸다.

☐ fade away

점차적으로 사라지다
He tries to make himself vomit the stuff up, but it's too late, he's already losing consciousness. Even as he **fades away**, I can see in his eyes what I've done is unforgivable.
(from The Hunger Games)
그는 그 물질을 토해내려고 애를 쓰지만 이미 늦었다. 그는 이미 의식을 잃어가고 있다. 그가 목숨을 서서히 잃어가는 중에도 나는 그의 눈에서 내가 한 짓이 용서할 수 없는 짓이라는 걸 깨달을 수 있다.

☐ cut short

병이나 좋지 않은 소식으로 인해서 예정된 것보다 일찍 끝내다
I had to **cut short** my vacation and come back home.
나는 휴가 도중에 집으로 돌아와야 했다.

☐ abort

계속하기에 일이 어렵거나 위험해 멈추다, 중단시키다
The nasty weather **aborted** the rescue mission.
고약한 날씨 때문에 구조 임무가 중단되었다.

□ **suspend**

뭔가를 길지 않은 기간 동안 공식적으로 중지시키다, 유예하다, 중단하다
The trial was **suspended** after threats were made against witnesses.
그 재판은 증인들에게 협박이 가해진 이후에 일시적으로 중단되었다.

□ **crack down on**

불법행위를 막기 위해 엄히 단속하다, ~에 단호한 조치를 취하다
Is it impossible to **crack down on** bullying at school?
학교에서 일진들의 폭력행위를 엄중히 단속하는 게 불가능한 일인가?

□ **suppress**

무력으로 진압하다
The Houthis have frequently used firearms or beatings in recent months to **suppress** protests in towns and cities including the capital.
(from The New York Times)
예멘 반군인 후티는 최근 몇 개월간 빈번히 화기나 매질을 이용하여 수도를 포함한 시내와 도시들에서의 시위를 진압했다.

□ **subdue**

분노하여 폭력을 행사하는 사람들을 막기 위한 조치를 취하다, 진압하다
We are supposed to **subdue** unrest in that area.
우리는 우선적으로 그 지역에서의 불안과 불만을 잠재워야 된단 말이야.

□ **sever**

관계를 완전히 끊다
They decided to **sever** relations with other communities.
그들은 다른 공동체들과의 관계를 완전히 끊기로 결정했다.

☐ **prevent A from B**	A가 B하는 것을 막다 David had suffered some kind of knee injury that **prevented** him **from** becoming a professional athlete. *(from Waiting to Exhale)* 데이빗은 무릎부상으로 인해서 프로선수가 되지 못했다.
☐ **keep A from B**	A가 B하는 것을 못하게 하다 Staying busy **kept** her **from** taking care of him. 계속 바쁜 관계로 그녀는 그를 돌볼 수가 없었다.
☐ **get in the way of**	너무 바빠서 해야 할 일을 하지 못하게 하다, 방해하다 Don't let it **get in the way of** your studying. 그 일로 인해서 네 공부에 방해를 받으면 안돼.
☐ **discourage**	의욕을 꺾다, 좌절시키다, 막다, 말리다 'He's never once given her the impression that he liked her more than a friend.' 'Yeah, but he's never **discouraged** her!' *(from Anna and the French Kiss)* '그는 한 번도 그녀에게 자기가 그녀를 친구 이상으로 좋아한다는 인상을 주지 않았어.' '그래, 하지만 그렇다고 한 번도 그녀의 접근의욕을 꺾은 적도 없거든.'
☐ **avoid**	방지하다, 막다, 회피하다 We complied with their requests. I was anxious to **avoid** controversy. *(from The Last Juror)* 우리는 그들의 요구에 따랐다. 나는 정말이지 논란은 절대로 피하고 싶었다.

□ **avert**

아무것도 안하고 있으면 생기게 될 좋지 않은 일을 방지하다
UFO cleanup crews will help **avert** a worldwide disaster, signaling an era of peace and harmony.
(from White Noise)
UFO 청소작업반원들은 전 세계 재앙을 방지하는 데 도움을 줄 것이다. 그건 곧 평화와 조화시대를 알리는 것이다.

□ **block**

법이나 공식적인 명령을 통해서 상대가 오랫동안 계획해 왔던 것을 막다, 저지하다, 방해하다
The deal was **blocked** by the board of directors.
그 계약의 진행은 이사회에 의해서 막혔다.

□ **thwart**

개인적으로 각별히 원해왔던 일을 못하도록 막다, 좌절시키다 (형식적인 어휘)
Don't let anything **thwart** your plans.
무슨 일이 있어도 네가 한 계획은 끝까지 진행하도록 해.

□ **foil**

나쁜 일이나 범죄행각을 저지하다, 좌절시키다
The burglar was **foiled** by the brave passers-by.
그 절도범은 지나가던 용감한 행인들에 의해서 저지되었다.

36 hear 듣다

hear · overhear · audible · didn't catch · can't make something out · inaudible · listen (to) · pay attention · hear somebody out · listen in · eavesdrop

hear

들리는 소리를 듣다
I can't wait to **hear** your opinions on everything.
나는 이 모든 것들에 대한 너의 의견을 빨리 듣고 싶어.

누군가 ~하는 소리를 듣다
I **heard** her breathe out deeply.
(from The First Phone Call From Heaven)
나는 그녀가 깊이 숨을 내쉬는 소리를 들었다.

overhear

남의 말을 우연히 듣다
He'd left his door open so he could **overhear** the conversation.
(from One Fifth Avenue)
그는 문을 열어놓아서 우연히 그 대화를 들을 수 있었다.

audible

잘 들을 수 있을 정도로 소리가 큰
His voice was barely **audible** above the noise.
그의 목소리는 소음 때문에 거의 들을 수가 없었다.

didn't catch

상대가 말을 너무 작게 해서, 또는 내가 주의 깊게 듣지 않아서 상대의 말을 알아듣지 못했다 (구어체 표현)
I'm sorry, I **didn't catch** your name.
죄송해요, 제가 성함을 못 알아들었어요.

can't make something out

소리가 분명치 않아서 누군가 하는 말을 제대로 들을 수 없다 (구어체 표현)
I **couldn't make out** exactly what they were saying.
나는 그들이 무슨 이야기를 하는지 정확히 알아들을 수가 없었다.

inaudible

들을 수 있을 정도로 소리가 크지 않은, 들리지 않는
I was sitting next to him, but his voice was **inaudible**.
난 그 사람 옆에 앉아 있었는데도 그의 목소리가 들리지 않을 정도였어.

☐ **listen (to)**	(~에) 귀 기울여 듣다 'What are you **listening to**?' She crosses her arms and puts the earphone back and does not answer. 'Are you **listening to** something you're not supposed to be **listening to**?' *(from All the Light We Cannot See)* '지금 뭘 듣고 있는 거야?' 그녀는 팔짱을 끼고 이어폰을 다시 꽂으며 대답을 하지 않는다. '네가 들어서는 안 되는 걸 듣고 있는 거야?'
☐ **pay attention**	누군가 하는 말을 주의 깊게 듣다 I'm going to tell you something, okay? And I want you to **pay attention**, so I'm going to be perfectly clear. *(from The Last Song)* 지금부터 너한테 뭔가를 얘기해줄 거야, 알았어? 그리고 난 네가 내 말을 주의 깊게 들어줬으면 좋겠어. 그래야 내가 하는 말을 정확히 이해할 수 있을 테니까 말이야.
☐ **hear somebody out**	누군가의 말을 끝까지 듣다 **Hear me out**, first, and then you can say what you think. 내 말을 먼저 들어. 그리고 나서 네가 생각하는 걸 얘기하면 돼.
☐ **listen in**	남의 대화를 엿듣다 (가까이에서, 또는 전화 대화) Don't try to **listen in** on their conversation. 그들의 대화를 엿들으려고 하지 마.
☐ **eavesdrop**	가까이 서서, 또는 문 뒤에 숨어서 남의 대화를 엿듣다 The window was open, so I was able to **eavesdrop** on them. 창문이 열려 있었어. 그래서 그들의 이야기를 엿들을 수 있었지.

37
happen

우연히 발생하다

happen · take place · occur · come about · transpire · crop up · come up · arise · strike · experience · undergo · turn out · work out · be in progress · be on · be in full swing

happen

어떤 일이 우연히 발생하다, 일어나다
'A woman like that doesn't just **happen**.'
'I know it.'

(from White Noise)

'저런 여자가 그냥 우연히 생기는 게 아니야.'
'그거야 나도 잘 알고 있지.'

take place

계획에 의해서 어떤 일이 생기다, 일어나다
The festivities will **take place** on Sunday three weeks hence.

(from Moon Over Manifest)

축제행사는 지금부터 3주 후 일요일에 열릴 예정입니다.

occur

우연히 일어나다, 발생하다 (형식적인 어휘)
The idea had never **occurred** to Hunter, but he immediately saw its value.

(from Pirate Latitudes)

그 생각이 그동안 한 번도 헌터에게 떠오른 적이 없었다. 하지만 그는 즉각적으로 그 생각의 가치를 이해했다.

come about

이전의 사건이나 결정의 결과로 어떤 일이 일어나다
The problems **came about** because we ignored his advice.

(from The Last Song)

그 문제들은 우리가 그의 충고를 무시했기 때문에 생긴 거야.

transpire

어떤 일이 우연히 발생하다 (형식적인 어휘)
'I couldn't stand being in there anymore.'
Then I told him what had **transpired** in the room.

(from The Woman In The Fifth)

'더 이상 그 안에 있는 것을 견딜 수 없었어요.' 그리고 나서 나는 그에게 그 방안에서 무슨 일이 있었는지를 말해줬다.

□ **crop up**	어떤 문제가 갑자기 예기치 않게 생기다 When problems **crop up**, I immediately call him. 갑자기 예기치 않았던 문제가 생기면 나는 즉시 그에게 전화를 한다.
□ **come up**	어떤 문제나 기회가 예기치 않게 생기다 Sorry, but I can't make it. Something **came up** suddenly. 미안해. 내가 지금 갈 수가 없어. 갑자기 문제가 좀 생겼어.
□ **arise**	어떤 문제나 어려운 상황이 생기다 (격 있는 어휘) Whenever those feelings **arose**, I tried to force them away, but by Sunday night, I could barely sleep. <div style="text-align:right">*(from Dear John)*</div>그런 감정이 생길 때마다 나는 그 감정을 쫓아내려고 애를 썼다. 하지만 일요일 밤까지 나는 잠을 거의 잘 수가 없었다.
□ **strike**	좋지 않은 일이 갑자기 일어나다 I was fast asleep when the earthquake **struck** at three a.m. 지진이 새벽 3시에 일어났을 때 나는 깊이 잠들어 있었다.
□ **experience**	문제나 어려운 상황을 겪다, 경험하다 I have recently been **experiencing** financial difficulties. 나는 요즘 들어 경제적으로 어려움을 겪고 있어.
□ **undergo**	변화나 좋지 않은 일을 겪다 Four Saturdays later she was **undergoing** chemo. <div style="text-align:right">*(from Mystic River)*</div>나중에 네 번의 토요일에 그녀는 화학요법 치료가 예정되어 있었다.

turn out

결과가 ~로 드러나다, 밝혀지다
I'm wondering how things **turned out** in the end.
상황이 마침내 어떻게 결론지어진 건지 정말 궁금해.

work out

결과적으로 ~로 판명이 나다, 결국 ~이 되다 (격 없는 표현)
Everything will **work out** well. Don't worry.
모든 게 다 결국 잘 이루어질 거야. 걱정하지 마.

be in progress

지금 현재 진행 중이다 (격 있는 표현)
'You got a plan?' Barry always had a plan.
'Sure, but it's a work **in progress**.'
(from The Confession)
'계획이 있으세요?' 배리는 항상 계획이 있었다. '그럼요. 하지만 이건 이미 진행 중인 일입니다.'

be on

지금 진행되고 있거나 앞으로 진행될 것이다
When **is** the winter sale **on**?
겨울 세일은 언제인가요?

be in full swing

한창 진행 중이다
The O. J. Simpson trial **was in full swing**, and there were people who surrendered their entire lunch hours watching it.
(from Tuesdays with Morrie)
O.J. 심슨의 재판은 한창 진행 중이었다. 그 재판을 시청하느라 점심시간을 완전히 포기한 사람들이 있었다.

38 different 다른

different · not like · not the same · differ · contrast with · unique · bear no relation to · be a far cry from · have nothing in common · distinctive · be one of a kind · individual · distinguish · differentiate · discriminate

different

다른

You are so **different** from those other men. And I know we can find true happiness together.

(from The Mistake)

당신은 여타 다른 남자들과 많이 달라요. 그래서 우리는 진정한 행복을 함께 찾을 수 있다는 사실을 전 잘 알아요.

not like

~와 같지 않은

You are **not like** yourself today. What's wrong with you?

너 오늘 너답지가 않아. 무슨 일이야?

not the same

비슷하긴 한데 똑같지는 않은, 하나가 다른 하나만큼 좋지 않은

These two classes are similar, but **not the same**.

이 두 반이 비슷하긴 한데 똑같지는 않아요.

differ

다르다

People's abilities **differ**, but their rights and opportunities should be the same.

사람들의 능력은 각각 다르다. 하지만 그들의 권리와 기회는 똑같아야 한다.

contrast with

~와 대조를 이루다, 차이를 보이다

His character **contrasts with** mine. You have to take it into consideration.

그의 성격은 나하고는 달라. 그걸 참작해야 돼.

unique

유일무이한, 독특한

Did you know every woman has a **unique** flavor to her hair? Yours tastes like nutmeg and cloves.

(from Still Missing)

여성마다 머리카락에서 독특한 향이 난다는 거 알고 있었어요? 당신 머리에서는 육두구와 정향 같은 냄새가 나요.

☐ **bear no relation to**	서로 완전히 다르고 연결되는 게 하나도 없다, 전혀 어울리지 않는다 I read the article. It **bore no relation to** what I had told you. 그 기사 읽었어요. 아니, 어떻게, 내가 해준 말하고는 완전히 다르게 나올 수 있어요?
☐ **be a far cry from**	~와는 완전히 다르다 I was surprised. He **was a far cry from** his brother. 나 정말 놀랬어. 걔 자기 형하고는 완전히 다르던데. Korea **is a far cry from** what she used to be in many ways. 한국은 많은 면에서 예전과는 완전히 다른 나라이다.
☐ **have nothing in common**	닮은 점이 하나도 없다 'We've **nothing in common**. She doesn't have a job.' 'She has two kids.' 'She has a nanny! She plays hockey.' *(from This Charming Man)* '우리는 닮은 점이 하나도 없어. 그녀는 하는 일도 없잖아.' '애가 둘이잖아.' '그녀는 유모가 있잖아! 그녀는 하키도 한단 말이야.'
☐ **distinctive**	다른 것과 달라서 금방 눈에 띄게 만들 정도로 독특한 He noticed Laura talking to a tall, handsome student, **distinctive** not only for his elegant apparel, but also because he was the only black man in the room not carrying a tray. *(from Doctors)* 그는 로라가 키 크고 잘생긴 학생과 대화하는 것을 목격했다. 그 학생은 독특했는데 그 이유는 그가 우아한 복장을 입고 있어서였을 뿐 아니라 그 방에서 유일하게 쟁반을 가지고 다니지 않는 흑인이었기 때문이었다.

be one of a kind	하나 밖에 존재하지 않을 정도로 독특하다. 유일무이한 사람이다 She **was one of a kind**. Nobody could be compared with her. 그녀는 정말 유일무이한 존재였다. 그 누구도 그녀와 비교될 수 없었다.
individual	개성 있는, 독특한, 개개의 Everyone has his own **individual** personality. 사람은 누구나 자기만의 독특한 성격을 갖고 있는 것이다.
distinguish	차이를 인지하고 이해하다, 구별하다 At thirty, he had begun to go gray at the temples; now, at forty, his hair was nearly silver, giving him a **distinguished** appearance. *(from A Bend in the Road)* 나이 서른에 그는 관자놀이 부분의 머리가 희끗희끗해지기 시작했다; 지금은 사십에 그의 머리 전체가 거의 은발이어서 외모가 남과는 쉽게 구별되었다.
differentiate	차이를 알고 이해하거나 보여주다, 구별하다 Can you **differentiate** between facts and opinions? 사실과 의견의 차이를 너는 구별할 수 있어?
discriminate	유사한 물건이나 사람들 사이에서 차이점을 식별하다 It is not an easy job to **discriminate** good people from them. 그들 사이에서 좋은 사람들을 식별해내는 것이 쉬운 일은 아니다.

39 examine
검토하다

examine · look carefully · take a look at · analyze · study · check · inspect · go through · look over · scrutinize · check up on

examine

조사하다, 검토하다
Let's **examine** the evidence together, shall we?
(from Memories of Midnight)
우리 그 증거를 같이 한번 검토해볼까?

검사하다, 진찰하다
I bent down to **examine** her further and ordered Nico, 'Call an ambulance – quickly.'
(from Only Love)
나는 몸을 굽혀서 그녀를 더 검사했고 니코에게 명령했다, '앰뷸런스 불러 – 어서.'

look carefully

잘 보다, 주의 깊게 바라보다
Claire gave a clear, lovely laugh that was so happy that Romily **looked** at her more **carefully**.
(from Dear Thing)
클레어의 웃음소리가 또렷하고 매력적이었는데 그 소리가 워낙 기분 좋게 들려서 로밀리는 그녀를 더욱 주의 깊게 바라보았다.

take a look at

~을 보다, ~을 살펴보다
Can you **take** a quick **look at** my proposal?
제 제안을 잠깐 좀 봐줄 수 있어요?

analyze

자세히 조사해서 분석하다
We **analyzed** that ceaselessly in graduate school.
우리는 대학원에서 그것을 끝없이 조사하고 분석했었다.

study

살피다, 검토하다, 조사하다
He **studied** me carefully. I could tell that he was bemused by my decision.
(from State Of The Union)
그는 나를 주의 깊게 살펴보았다. 그는 내 제안에 어안이 벙벙한 것을 난 알 수 있었다.

□ check

확인하다, 살피다, 점검하다
Some people **check** their phone answering machines when they get home.
(from Bag Of Bones)
어떤 사람들은 집에 들어왔을 때 전화 자동응답기를 확인한다.

□ inspect

뭔가를 자세히 검사하다, 조사하다
If you don't mind, I need to **inspect** your basement, just for a minute or two, to see if it's suitable for a shelter.
(from The Book Thief)
괜찮으시다면 지하를 좀 자세히 조사해봐야겠습니다. 잠깐이면 됩니다. 피신처로 적절한가를 확인하기 위해서입니다.

□ go through

뭔가를 찾기 위해 살펴보다, 조사하다
I would **go through** her bureau drawers when she was praying.
(from Parrot and Olivier in America)
나는 그녀가 기도를 하고 있을 때 그녀의 옷장서랍을 뒤지곤 했었다.

□ look over

뭔가를 자세히 보지는 않고 빠른 속도로 전체적으로 대강 살펴보다
'That's it?' I said to Dan as he **looked** the check **over**. I hoped he'd find some error.
(from Someday, Someday, Maybe)
'그게 다야?' 나는 댄이 계산서를 슬쩍 훑어보았을 때 그에게 말했다. 나는 그가 계산서 상의 실수를 찾아내기를 바랐었다.

| □ **scrutinize** | 아주 면밀히 살피다, 조사하다
I can't see Jason and Jess this morning, and my sense of disappointment is acute. Silly, I know. I **scrutinize** the house, but there's nothing to see.
(from The Girl on the Train)
제이슨과 제스를 오늘 아침에 볼 수가 없어. 그래서 지금 심한 실망감을 느끼고 있어. 바보 같은 소리라는 거 잘 알아. 나는 집을 샅샅이 뒤지지만 볼만한 게 아무것도 없네. |
|---|---|
| □ **check up on** | 사실인지, 또는 옳은지를 확인하다
He called me to **check up on** some facts.
그가 내게 전화해서 몇 가지 사실을 확인했어. |

memo

memo